DUMONTS KLEINES

KÄSE LEXIKON

Herstellung • Herkunft • Sorten • Geschmack

Anne Iburg

DUMONT monte

Originalausgabe

2. Auflage 2003

Druck und buchbinderische Verarbeitung:
Appl, Wemding

Printed in Germany

ISBN 3-8320-8824-5

Inhalt

Geschichte des Käses

Wer genau und wann den ersten Käse erfunden hat, lässt sich nicht präzise sagen. Eins ist sicher: Der Käse wurde von den Menschen per Zufall entdeckt und zwar zur gleichen Zeit, wie die Menschen sesshaft wurden und anfingen Vieh zu domestizieren.

Wie der Mensch auf die Milch kam

Mit der Haltung von Schaf, Ziege und auch Kuh lernten die Menschen, die Milch der Tiere für sich zu nutzen. Die Milchmenge lag schnell über dem Direktverbrauch, und so wurde sie in Holz- oder Tongefäßen gelagert. Diese Gefäße ließen sich nicht immer optimal säubern und über Hygiene machte man sich damals nicht auch allzu viele Gedanken. Durch kleine Milchreste, die bei der Reinigung übersehen wurden, und durch das Aufbewahren der Milch direkt neben dem Feuer oder in der prallen Sonne wurde die Milch schnell sauer und auch dick. Die Neugier der Menschen ließ sie die sauergewordene Milch probieren. Dabei stellen sie fest, dass auch diese wie die Milch selbst genießbar war. So entstand der erste

Sauermilchkäse. Durch den Anteil des natürlichen Gehaltes an Milchsäure in der Milch, verstärkt durch die Altmilchreste, in denen sich die Milchsäurebakterien schon vermehren konnten, und die Wärme am Feuer oder durch sommerliche Temperaturen bedingt, wurde das Zufallsprodukt Sauermilchkäse zu einen festen Bestandteil des Speiseplans der Menschen.

JÄGER ENTDECKTEN DEN ERSTEN SÜẞMILCHKÄSE

Auch der Süßmilchkäse ist ein Zufallsprodukt. Zur Entstehung dieses Käsetyps gibt es zwei unterschiedliche Legenden. Bei der Jagd wurde ein junges Kalb erlegt. Beim Zerlegen öffneten die Jäger auch den Magen des Tieres, das vermutlich zuvor noch Milch getrunken hatte. Denn sie entdeckten im Magen eine feste, weiße Masse, die durchaus essbar und schmackhaft war. Durch das Labenzym im Kälbermagen ist die Milch dickgelegt worden. Der Mageninhalt entspricht dem ersten Schritt der Herstellung von Süßmilchkäse.

Eine andere Geschichte sagt, dass die Hirten die Milch in getrockneten Schafsmägen aufbewahrten. Da sich darin aber noch Reste vom Verdauungsenzym Lab befanden, war am Abend die Milch geronnen. Durch die Wärme und das Durchschütteln während der Wanderschaft am Tage fanden die Hirten eine wässrige Flüssigkeit, die Molke, und weiße, dickliche Klumpen, den Käsebruch, vor.

Aus diesen beiden Gegebenheiten lernten die Menschen, das Labenzym aus Kälber-, Schaf- und Ziegenmägen für die Herstellung von Käse nutzbar zu machen. Später entdeckten die Menschen in der Mittelmeerregion noch zwei weitere Dickleger für Milch: den Saft des Feigenbaumes und des Labkrautes.

Käse in der Antike

In den Hochkulturen der Antike lernten die Menschen die Zufallsentdeckung Käse professionell zu nutzen. Ein Fries aus einem Tempel in Mesopotamien um 5000 v. Chr. belegt, dass es im Zweistromland zu einer gezielten Herstellung von Sauermilchkäse kam.

Auch im alten Griechenland verstand man sich in der Käserei. Homer beschreibt in seiner »Odyssee« die magischen Kräfte des Käses. Ziegenkäse war bei den alten Griechen eine wichtige Handelsware. Er stärkte Männer, die in den Krieg zogen, er wurde den Göttern geopfert und er galt als Aphrodisiakum. Hippokrates verordnete den Genuss von Ziegenkäse bei Entzündungen.

Auch im alten Rom stand der Käse hoch im Kurs. Ziegenfrischkäse wurde im Zentrum des Römischen Reiches in großen Mengen produziert. Er gehörte fest auf den Speiseplan der Römer.

Ebenso war die Herstellung von Lab- und Hartkäse den Römern nicht unbekannt. Hartkäse spielte insbesondere bei der Versorgung der Legionäre eine Rolle, denn der Käse musste lange haltbar und transportfähig sein. An den Vorläufern des Pecorino und Parmesan erfreute man sich im alten Rom und es wurde sogar Käse aus den fernen Provinzen eingeführt. Prototypen des französischen Cantal oder Schweizer Bergkäse wurden auf den Märkten in Rom gehandelt. Die Auswahl an Käse war im Römischen Reich recht groß und es gab auch zahlreiche Käserezepte. Er wurde nicht nur roh gegessen, sondern auch zum Backen bevorzugt eingesetzt. Auch das Einlegen von Käse in Essig, Öl, Wein und Kräutern war bei den Römern sehr beliebt und verlängerte die Haltbarkeit des Käses.

Klosterkäse im Mittelalter

Unter Karl dem Großen wurden im frühen Mittelalter die Klöster mit der Aufgabe betraut, die landwirtschaftliche Produktion weiterzuentwickeln. So waren auch die Mönche und Nonnen entscheidend am Erfolg der Käserei und der Vielfalt der heutigen Sorten beteiligt. Der Klerus konnte meistens schreiben, und so wurden in dieser Zeit viele Rezepte zur Herstellung von Käse festgehalten. Heute ist nicht klar, ob diese jeweils in den Klöstern erfunden worden waren oder ob es Rezepte von der ansässigen Bevölkerung waren, die in den Klöstern aufgeschrieben wurden. Durch den Einfluss der Klöster wurde auf jeden Fall das Handwerk

der Käseherstellung optimiert, denn Käse war zum einen ein wichtiges Nahrungsmittel in der Fastenzeit, und zum anderen lag den Klöstern ebenfalls viel daran, dass in der milcharmen und kalten Winterzeit niemand Hunger erleiden musste.

Käsehandel zur Zeit der Hanse

Mit der Hanse wurde Käse ein wichtiges Handelsgut. Denn Hart- und Schnittkäse waren für den längeren Transport gut geeignet und daher eine interessante Tauschware. Den besten Käse hatten zur Blüte der Hanse die Holländer zu bieten. Sie tauschten ihren Käse im gesamten Gebiet der Hanse, vor allem im baltischen Raum. Skandinavier, Balten und Deutsche bemühten sich holländischen Käse zu kopieren. Das gelang ihnen mehr oder weniger gut. Jedoch viel später, zur Zeit der Reformation, verließen viele Holländer ihre Heimat, um sich aufgrund ihres Glaubens in Ländern wie Preußen, Dänemark oder Schweden niederzulassen, in denen Religionsfreiheit herrschte bzw. ihr Glauben toleriert wurde. Sie brachten auch das Wissen um die Herstellung von guten Käse mit, und so findet man auch heute in Nordeuropa durchaus interessante Käsesorten, die in Anlehnung an Gouda und Edamer entwickelt wurden.

Käseproduktion in der Neuzeit

Im 19. Jahrhundert wurden die letzten Geheimnisse um die Herstellung von Käse gelüftet. Ferdinand Cohn entdeckte als erster, dass das Reifen von Käse von Mikroorganismen gesteuert wird. Pasteur, Liebig, Metchnikow und Tyndall erforschten Lab und Starterkulturen. So wurde der Prozess der Käseherstellung auch in ihren biologischen und chemischen Veränderungen transparent gemacht. Dieses mikrobiologische Wissen, kombiniert mit dem technischen Know-how von Ingenieuren, führte zu einer Technisierung des Handwerks der Käseherstellung. Heute finden wird Groß- und Kleinbetriebe: Molkereien, die nur mit pasteurisierter Milch käsen, diese in Kesseln mit über 10.000 Litern Fassungsvermögen dicklegen und mit viel technischem Aufwand den Käse reifen. Aber auch handwerkliche Kleinbetriebe und immer mehr Bauernkäsereien, die nur in 100 Liter großen Kesseln ihren Käse herstellen und von Hand schöpfen, formen und in der Reifephase individuell pflegen, nehmen zur Zeit an Zahl und Bedeutung wieder zu. Die Käsevielfalt ist heute in Deutschland wie auch in ganz Europa äußerst groß. Neben den geschützten Käsesorten, die in diesem Buch vorgestellt werden, gibt es eine Vielzahl freier Käsesorten. Die Herstellung der freien Käsesorten unterliegt zwar der Käseverordnung, die Rezepturen sind aber sehr variabel und ein gut gehütetes Geheimnis jeder Molkerei.

Herstellungsverfahren von Käse

Vorbehandlung der Milch

Bevor die Milch für die Herstellung von Käse freigegeben wird, erfolgt eine Überprüfung. Reinheit, bakteriologische Beschaffenheit, ein hoher Eiweißgehalt und ein bestimmter Säuregehalt sind entscheidend für einen guten Käse. Hat die Milch diese erste Hürde genommen, wird sie pasteurisiert. Darunter versteht man, dass die Milch für 15 bis 30 Sekunden auf 72° bis 75° C erhitzt wird. Durch dieses Verfahren werden unerwünschte Bakterien abgetötet und die Milch ist keimfrei. In einem weiterer Schritt wird der Fettgehalt der Milch eingestellt. Rohmilch hat einen Fettgehalt zwischen 3,5 bis 4,5 %. Je nachdem wie hoch der Fettgehalt des Käses werden soll, muss Milchfett abgetrennt oder hinzugefügt werden.

Die Milch wird dickgelegt

Im ersten Schritt der eigentlichen Käserei wird der Milch Lab oder Milchsäurebakterien zugesetzt. Damit die Dicklegung optimal abläuft, wird die Milch in einem Kessel auf 18° bis 32° C erwärmt und das Labenzym oder die Milchsäurebakterienkultur eingerührt.

Beim Einsatz der Bakterien wird der Milchzucker der Milch in Milchsäure umgewandelt, durch den höheren Säuregehalt gerinnt das Eiweiß in der Milch. Dieser Vorgang läuft je nach dem Mengenverhältnis von Milch und Starterkultur sowie Temperatur der Milch in 10 Minuten bis 2 Stunden ab. Dabei entsteht Sauermilchkäse. Dieser Käse ist nicht soweit verbreitet wie Labkäse. Typische Sauermilchkäse sind zum einen Quark und Frischkäse sowie zum anderen Mainzer Korbkäse und andere Bauernhandkäse.

Der Großteil an Käse wird unter Zusatz von Lab hergestellt. Lab ist ein Enzym, das aus den Mägen von Kälbern, Ziegen und Schafen gewonnen wird. Früher – und auch heute noch bei einigen wenigen traditionell produzierten Käsesorten – wurde der Saft von Feigenblättern und -ästen sowie vom Labkraut eingesetzt. Heute ist es auch möglich, gentechnisch Lab herzustellen. Das Lab wird ebenfalls in die erwärmte Milch gerührt, wodurch das Eiweiß gerinnt und die Milch sich in seine festen und flüssigen Bestandteile zerlegt. Sowohl die Labmenge wie auch die Temperatur sind entscheidend für die Konsistenz des Teiges. Heute werden dem Labkäse häufig zusätzlich Milchsäurebakterien zugesetzt, denn durch das Pasteurisieren fehlt der Milch der natürliche Gehalt an Milchsäurebakterien. Sie müssen daher wieder ergänzt werden. Beim Labkäse oder Süßmilchkäse handelt es sich um die meisten uns bekannten Käsesorten wie Gouda, Camembert, Emmentaler usw.

Wussten Sie ...

... dass eine Kuh über 10 000 Liter Milch im Jahr gibt? Ein Schaf gibt nur 300 bis 400 Liter Milch, eine Ziege etwa 500 bis 700 Liter. Die Milchleistung variiert bei allen innerhalb des Jahres. Nach dem Abkalben der Kuh oder Ablammen des Schafes oder der Ziege ist die Milchleistung am höchsten und die Qualität am besten. Bei Ziegen und Schafen beträgt die milchgebende Zeit nur etwa 1/2 Jahr nach dem Ablammen. Kühe sind bezüglich ihrer Milchleistung heute so gezüchtet, dass sie durchgehend Milch geben.

Der Bruch entscheidet über die Härte des Käses

Die dickgelegte Milch wird nun zerkleinert, dabei entsteht zum einen der Bruch, die festen Bestandteile der dickgelegten Milch, und zum anderen die Molke, die Flüssigkeit. Mithilfe einer Harfe wird der Bruch auf die gewünschte Körnung gebracht. Dabei gilt generell folgende Regel: Je feiner der Bruch geschnitten wird, umso mehr Molke setzt sich ab und desto fester wird der spätere Käse.

Beim Weichkäse wird der Bruch auf die Größe von Walnüssen geschnitten, und bei manchen Käsesorten dieses Typs verzichtet man ganz aufs Schneiden. Beim Schnittkäse zerschneidet man den Käse auf die Größe von Erbsen. Wird der Bruch so klein zerschnitten, dass er nur noch die Größe von Reiskörnern hat, dann wird daraus ein Hartkäse. Für die Herstellung einiger Hartkäse wird der Bruch auf 35° bis 56° C erhitzt, dadurch verlieren die Bruchkörner noch mehr an Flüssigkeit und der Käser wird fester. Diesen Vorgang bezeichnet der Käser auch als Brennen.

Wie viel Milch braucht man für 1 kg Käse?

Frischkäse: 4 bis 5 Liter
Weichkäse: 8 bis 9 Liter
Schnittkäse: 10 bis 11 Liter
Hartkäse: 11 bis 13 Liter

Käse in Form bringen

Hat der Bruch seine optimale Größe erreicht, muss er von der Molke getrennt werden und in Form gebracht werden. Auch hier gibt es verschiedene Techniken. Bei kleineren Käse wird meist mit einer Schöpfkelle der Bruch von der Molke getrennt und dieser in die sortentypischen Formen gebracht. Die Formen haben jedoch in der Regel einen gelochten Boden, sodass weitere Molke abfließen kann.

Bei der Herstellung von großen Käselaiben wird der Bruch mithilfe eines Tuches aus dem Kessel gehoben und tropft erst von der Molke ab, bevor er in die Form gegeben wird. Eine dritte Möglichkeit ist, dass der Bruch unter leichten Druck ausgepresst wird und dann geformt oder in Stücke geschnitten wird.

Ohne Druck – kein fester Käse

Je nach Sorte muss der Käse noch gepresst werden. Bei Weichkäse erfolgt üblicherweise keine Pressung, hier reicht das Eigengewicht der Käsemasse aus, um genug Molke abfließen zu lassen. Auch bei allen Schnittkäse mit Bruchlochung sorgt das Eigengewicht des Käses dafür, dass es dem Käse die gewünschte Konsistenz gibt. Jedoch bei den meisten Schnittkäse und allen Hartkäse wird die Molke durch den Druck herausgepresst. Die Dauer und die Stärke des Druckes und ob der Käselaib während der Pressung nochmals gewendet wird, ist bei jedem Käse unterschiedlich.

Ohne Salz schmeckt der Käse nicht

Nachdem der Käse nun schon seine äußere Gestalt in etwa angenommen hat, bekommt er erst seinen Geschmack. Denn ohne die Zugabe von Salz wäre jeder Käse fade. Je nach Käsetyp wird der Käse trocken gesalzen, indem er mit Salz eingerieben wird, oder in ein Salzbad gelegt. Der Zeitraum, in dem der Käse badet, variiert je nach Sorte zwischen Stunden und Tagen. Neben der sensorischen Funktion hat das Salz noch weitere Aufgaben bei der Käseherstellung. Es entzieht dem Käse weitere überschüssige Molke, fördert die Bildung der Rinde, schützt vor dem Austrocknen, konserviert und lenkt den Reifungsprozess.

Ruhephase für den Käse

Bevor der Käse in den Handel kommt, ruht er noch ein Weilchen oder auch durchaus ein bisschen länger, je nach Käsetyp. Ein Weichkäse ist meist in 1 bis 2 Wochen gereift, ein Schnittkäse durchläuft eine Reifezeit von mindestens 5 Wochen und ein Hartkäse lagert 3 Monate bis zu Jahre.

Wie kommen die Löcher in den Käse?

Nach einer gewissen Reifezeit bilden Mikroorganismen im Käse beim Abbau von Milchsäure und Glutaminsäure Gase wie Kohlendioxid. Das Gas kann aus dem kompakten, aber elastischen Teig nicht entweichen und schließt sich in Hohlräumen ein.

Käsegruppen

Um bei der Vielzahl der Käse den Überblick zu behalten, lassen sich die verschiedenen Käse in acht Gruppen aufteilen. Nach der deutschen Käseverordnung ist entscheidend für die Strukturierung der Käse der Wassergehalt in der fettfreien Käsemasse.

■ Hartkäse hat den höchsten Anteil an Trockenmasse, der maximale Wassergehalt liegt bei 56 %. Je niedriger der Wasseranteil, umso härter ist der Käseteig. Jedoch ist nicht jeder Hartkäse sehr fest im Teig. Ein Emmentaler ist im Vergleich zum Parmesan noch recht weich und lässt sich gut schneiden, während der Parmesan überwiegend gehobelt oder geschabt werden muss. Ein Hartkäse reift in der Regel mindestens drei Monate. Die Reifezeit kann aber durchaus Jahre betragen und dabei verliert der Käse kontinuierlich Wasser und wird fester. Deutscher Hartkäse wird in der Vollfettstufe oder höher hergestellt. Das heißt, er hat mindestens 45 % Fett in der Trockenmasse.

■ Schnittkäse haben einen maximalen Wassergehalt von 54 bis 63 % und reifen somit schneller als Hartkäse. Sie sind leichter zu schneiden als Hartkäse und gehören mit Gouda, Edamer und Butterkäse zur den beliebtesten und populärsten Käsesorten in Deutschland.

Halbfester Schnittkäse hat eine Trockenmasse, die zwischen Schnitt- und Weichkäse liegt. Sein Wassergehalt liegt 61 bis 69 %. Die meisten halbfesten Schnittkäse werden in der Dreiviertelfettstufe und der Doppelrahmfettstufe hergestellt. Zu dieser Gruppe zählen Käse wie Roquefort, Tetilla oder auch Weißlacker. Ihre Reifezeit ist sehr unterschiedlich.

Weichkäse hat einen Wassergehalt von mehr als 67 %. Weichkäse gibt es in fast jeder Fettgehaltsstufe und aufgrund des hohen Wassergehalts ist der absolute Fettgehalt geringer als bei anderen Käsesorten mit gleicher Fettgehaltsstufe.

Pasta filata nennt man alle Käse, deren Bruchmasse nach dem Säuern mit heißer Flüssigkeit überbrüht, geknetet und zu Strängen gezogen sind. Diese Käsegruppe hat ihren Ursprung in Italien und ist erst 1999 in der deutschen Käseverordnung aufgenommen worden. Die

bekanntesten Vertreter sind Mozzarella und Provolone. Der Wassergehalt liegt zwischen 62 und 76 % in der Trockenmasse.

SAUERMILCHKÄSE hat einen Wassergehalt von 60 bis 73 % in der Trockenmasse. Dieser Käsetyp wird aus Sauermilchquark der Magerstufe hergestellt. Daher ist sind alle Sorten besonders kalorienarm sowie eiweißreich.

SCHMELZKÄSE unterscheidet sich stark von allen anderen Käsegruppen, denn er wird nicht direkt aus frischer Milch, sondern aus fertig gereiftem Käse erzeugt. Als Ausgangsprodukte dienen eine oder mehrere Käsesorten, die miteinander verschmolzen werden. Die Käsemasse wird zermahlen, mit Schmelzsalzen versetzt und erhitzt. Schmelzkäse gibt es in allen Fettstufen und in den verschiedensten Formen – als Ecken, Scheiben oder Würfel, in Schälchen oder in Wurst- und Tortenform.

FRISCHKÄSE ist Käse in seiner Urform. Nach dem Eindicken der Milch wird der Bruch von der Molke getrennt und muss nicht wie die anderen Käsetypen reifen. Die Trockenmasse liegt bei diesem Käsetyp um die 20 %. D.h. ein Doppelrahmfrischkäse mit 80 % Fett i. Tr. hat absolut nur 16 g Fett auf 100 g Frischkäse.

WIE KOMMT DER SCHIMMEL AUF DEN KÄSE?

Zum einen gibt es den unerwünschten Schimmel. Er zeigt sich als weiß-grünlicher Belag auf der Oberfläche des Käses. Dieser Käse sollte weggeworfen werden, denn diese Schimmel erzeugen giftige Stoffwechselprodukte. Bei Hartkäse kann man den Schimmel großzügig entfernen, da durch den niedrigen Wassergehalt des Käses der Pilz nicht weiter als im sichtbaren Bereich vorgedrungen ist.

Jedoch gibt es glücklicherweise mehr gewünschten Schimmel auf dem Käse als oben beschrieben unerwünschten. Dabei lässt sich der gewünschte Schimmel in drei Klassen aufteilen, wobei letzter kein Pilz, sondern ein Bakterium ist.

CAMEMBERT-SCHIMMEL: Er zeigt sich als weißer Edelschimmelrasen an der Oberfläche von Käse. Der Käse wird vor dem Reifen mit dem *Penicillium camemberti* behandelt. Es handelt sich dabei in der Regel um Weichkäse, und die beiden wichtigsten Vertreter sind der Camembert und der Brie.

ROQUEFORT-SCHIMMEL: Der blaue Edelschimmel *Penicillium roqueforti* wird zur Herstellung von Blauschimmelkäse eingesetzt. Meist wird der Käsebruch schon mit der Schimmelkultur versetzt. Während der Reifezeit wird der Käse pikiert. Das bedeutet, dass der Käse mit einer Nadel mehrfach angestochen wird und Kanäle entstehen. Sauerstoff kann so besser in das Innere des Käses eindringen, und die Schimmelkulturen beginnen zu wachsen. Der Käse ist mit blau-grünen Adern durchzogen, dabei handelt es sich sowohl um Weichkäse wie auch halbfesten Schnittkäse, die sich diesem Prozess unterziehen. Eine Kombination von beiden Schimmelvarianten findet man häufiger, und besonders auffällig ist sie beim Bavaria blu oder Bresse bleu.

ROTSCHMIERE: Für die Bildung der Rotschmiere zur Oberflächenreifung wir als Starterkultur *Brevibacterium linens* gebraucht. Dieser Typ wird bei Sauermilchkäse oder auch bei Weich- und Schnittkäse eingesetzt. Die Rinde dieser Käse werden mit der Starterkultur und Salzlake regelmäßig während der Reifung gewaschen. Es entsteht eine rote, feuchte, schmierige Rinde.

DIE FETTGEHALTSSTUFEN

Die Käseverordnung schreibt bindend vor, dass Käse nur in bestimmten Fettgehaltsstufen in den Verkehr gebracht werden dürfen. Diese lauten wie folgt:

Fettgehaltsstufe	*Fett in der Trockenmasse*
Doppelrahmstufe	mindestens 60 %, höchstens 85 %
Rahmstufe	mindestens 50 %
Vollfettstufe	mindestens 45 %
Fettstufe	mindestens 40 %
Dreiviertelfettstufe	mindestens 30 %
Halbfettstufe	mindestens 20 %
Viertelfettstufe	mindestens 10 %
Magerstufe	weniger 10 %

BIOKÄSE

Was ist eigentlich am Biokäse anders als am herkömmlichen Käse, werden Sie sich vielleicht schon einmal gefragt haben. Eine einheitliche Definition für die Herstellung von Biokäse besteht zwar nicht, aber folgende Bedingungen müssen erfüllt sein, damit der Käse das Siegel einer der anerkannten Bioorganisationen erhalten kann:

Die Milch darf nicht aus einem Betrieb mit Massentierhaltung kommen. Die Kühe, Schafe oder Ziegen müssen umweltverträglich und artgerecht gehalten werden. Die Felder und Wiesen des Bauernhofes werden nach herkömmlichen Richtlinien des anerkannten ökologischen Landbaus bewirtschaftet, wobei der Einsatz von synthetischen Dünge- und Pflanzenschutzmitteln nicht erlaubt ist. Bei der Fütterung der Tiere wird auf chemische Zusätze wie Leistungsförderer und Antibiotika verzichtet. Nach traditionellen handwerklichen Verfahren wird der Käse mit natürlichen Käsekulturen hergestellt. Bestimmte Zusatzstoffe wie Natamycin und Nitrat (Natrium- oder Kaliumnitrat) dürfen nicht verwendet werden. Der Einsatz von gentechnisch hergestelltem Chymosin (Lab) ist verboten.

Viele Verbraucher glauben, dass Biokäse stets aus Rohmilch sei, diese Annahme ist jedoch falsch. Das Besondere am Biokäse ist sicherlich, dass er im Verhältnis zum konventionellen Käse in wesentlich kleineren Mengen und damit näher nach handwerklichen, bäuerlichen und traditionellen Methoden produziert wird.

Österreich ist Spitzenreiter

Innerhalb der EU ist Österreich mit etwa 10 % der landwirtschaftlichen Gesamtfläche, die von Biobauern bewirtschaftet werden, der bedeutendste Hersteller von Bioprodukten und vor allem Biokäse. Im Vergleich dazu macht der Anteil der Bio-Betriebe in Deutschland nur 1 % der Gesamtfläche aus. Viele der Biokäse werden von den Biobauern auch selbst hergestellt, da sie sowieso auf Selbstvermarktung ihrer Produkte gesetzt haben und mit der Veredlung von Milch zu Käse ihr Warenangebot für ihre Kunden vielseitiger und damit interessanter gestalten können.

ROHMILCHKÄSE

Wie schon der Name sagt, wird Rohmilchkäse aus unbehandelter Milch hergestellt. Das bedeutet, dass die Milch nicht höher als 40° C erhitzt wurde. Da die Milch nur erwärmt wird, bleibt die ursprüngliche, natürliche Bakterienflora der Milch erhalten. Die Natürlichkeit der Milch gibt dem Rohmilchkäse seinen charakteristischen Geschmack. Neben gesundheitlich unbedenklichen und geschmacklich wünschenswerten Keimen gibt es ein Restrisiko, dass durch die fehlende Pasteurisierung auch Krankheitserreger überleben. Um diese gesundheitliche Gefahr zu minimieren, wird die Milch auf krankmachende Keime besonders streng untersucht. Die Kontrollen für Rohmilchkäsehersteller unterliegen wesentlich höheren Auflagen als

von Käse aus pasteurisierter Milch. Fälle, in denen der Rohmilchkäse den Menschen geschadet hat, sind in den letzten 25 Jahren nur sehr vereinzelt aufgetreten. Daher gilt der Verzehr von Rohmilchkäse als nahezu bedenkenlos. Kleinkinder und ältere Menschen sollten aber aufgrund ihres schwächeren Immunsystems, Schwangere ihres ungeborenen Babys zu Liebe auf Weichkäse aus Rohmilch verzichten.

Bakteriologisch unbedenklich ist der Verzehr von Hartkäse aus Rohmilch, denn im Zuge des Herstellungsverfahrens, dem Erhitzen des Bruchs, dem längeren Salzbad und der langen Reifezeit werden schädliche Keime abgetötet. Bei Weichkäse aus Rohmilch ist die Gefahr der Verbreitung von krankmachenden Keimen wie Listerien besonders groß. Frischkäse darf gar nicht aus Rohmilch hergestellt werden.

HIER BEKOMMEN SIE WEITERE INFORMATIONEN ZUM ROHMILCHKÄSE:

Slow Food
Deutschland e. V.
Geiststr. 81
D – 48151 Münster
Tel.: 0251/79 33 68
Und im Internet:
www.slow-food.de

Diskussion über das Verbot von Rohmilchkäse

Es gibt immer wieder Bestrebungen von Seiten der Europäischen Gemeinschaft, die Herstellung von Rohmilchkäse zu untersagen, viele Initiativen wie z. B. der Slow Food e. V. dagegen setzen sich für den Erhalt von Rohmilchkäse ein. Die Vielfalt der Käselandschaft und die Esskultur würden einen größeren Schaden davon tragen als es den Konsumenten an gesundheitlichen Vorteilen bringen würde. Denn viele herkunftsgeschützte Käsesorten werden heute mit Rohmilch hergestellt. Sie würden einen Teil ihres besonderen Aromas und Geschmacks verlieren und vermutlich auf Dauer in die zweite Reihe der Industriekäsemarken, wo es sicherlich auch viele gute Käse gibt, zurückrutschen.

Käse und seine Inhaltsstoffe

Da es sich beim Käse im Prinzip nur um konzentrierte Milch handelt, liegt die Schlussfolgerung nahe, dass er genauso gesund wie sein Rohstoff ist. Der Käse enthält viele Bestandteile der Milch, wie Eiweiß, Fett, Calcium und Vitamine. Die Nährstoffe sind sogar im Käse in höherer Konzentration vorhanden. Somit ist Käse ein wichtiges Produkt für eine optimale Ernährung.

Wie viel Fett ist im Käse? Den meisten ist bekannt, dass Käse einen hohen Anteil an Fett besitzen kann. Jedoch wird die Fettmenge meistens überschätzt und der Käse als Dickmacher zu unrecht verteufelt. Die Käse-Verordnung bestimmt, dass der Fettgehalt des Käses nicht in Absolutwerten ausgewiesen werden soll, sondern der Fettgehalt in der Trockenmasse. So ist den meistens die Bezeichnung »Fett i. Tr.« bekannt, ohne zu wissen, was damit gemeint ist.

Was bedeutet Fett i. Tr.? Der Fettanteil eines Käses kann nicht genau auf das Gewicht des Käses bezogen werden, sondern nur auf die Trockenmasse. Grund dafür ist, dass während der Reifung der Käse Wasser verliert und sich das Gewicht, aber nicht die Trockenmasse verändert.

Wer den absoluten Fettgehalt eines Käses wissen will, kann dies mit einer groben Faustformel ausrechnen, die je nach Käsegruppe etwas variiert.

> Bei Frischkäse gilt:
> Absoluter Fettgehalt = Fett i. Tr. x Faktor 0,3
>
> Bei Weichkäse wie Camembert oder Brie gilt:
> Absoluter Fettgehalt = Fett i. Tr. x Faktor 0,5
>
> Bei Schnittkäse wie Gouda, Tilsiter, Blauschimmelkäse gilt:
> Absoluter Fettgehalt = Fett i. Tr. x Faktor 0,6
>
> Bei Hartkäse wie Parmesan oder Emmentaler gilt:
> Absoluter Fettgehalt = Fett i. Tr. x Faktor 0,7

Insbesondere fettreduzierte Käse, die auch als Light-Käse bezeichnet werden, weisen an exponierten Stellen auf der Verpackung den Fettgehalt als Absolutwert auf. Dieser Wert darf auf keinen Fall mit dem Fettwert in der Trockenmasse gleichgesetzt werden, auch wenn dies schnell passiert. Rechnen Sie mithilfe der Faustformel den Fettgehalt von anderen Käsesorten aus, dann stellen Sie schnell fest, dass es nicht oder nur zu einer minimaler Einsparung an Fett gekommen ist.

Milchfett hat einen hohen Anteil an kurz- und mittelkettigen Fettsäuren, dadurch ist der Schmelzpunkt niedrig und das Fett schmilzt bei Körpertemperatur. Dies erklärt auch, warum Milchfett als leicht verdaulich gilt. Die kurz- und mittelkettigen Fettsäuren beeinflussen den Blutcholesterinspiegel nur wenig. Cholesterin ist zwar im Käse vorhanden, aber solange man Käse nicht im Exzess und bevorzugt Käse aus der Vollfettstufe (45 % Fett i. Tr.) und darunter genießt, kann man Käse ohne große Bedenken verzehren.

Eiweiss von hoher Qualität: Prinzipiell besteht Milch aus zwei wesentlichen Eiweißkomponenten. Zu 80 % aus Kasein und zu 20 % aus Molkenprotein. Letzteres geht mit dem Abpressen der Molke je nach Käsegruppe mehr oder weniger verloren. Das Käseeiweiß enthält viele essentielle, d. h. lebensnotwendige Aminosäuren. Käse kombiniert mit Brot, Nudeln oder Kartoffeln gibt dem Gericht eine hohe biologische Wertigkeit. Dies bedeutet, dass das Gericht in seiner Aminosäurenzusammensetzung dem Bedarf des menschlichen Organismus sehr nahe kommt.

KÄSE – EIN MINERALSTOFF- UND VITAMIN-SPEICHER: Der wichtigste Mineralstoff des Käses ist das Calcium gefolgt vom Magnesium. Calcium ist insbesondere für den Aufbau und Erhalt der Knochen und Zähne zuständig. Darüber hinaus ist das Calcium an einer Vielzahl von Stoffwechselprozessen beteiligt. Als Prophylaxe gegen Osteoporose wird immer wieder gefordert, auf eine ausreichende Versorgung mit Calcium zu achten. Käse, insbesondere Schnitt- und Hartkäse, sind geeignet, den Calciumbedarf zu decken.

Magnesium ist ebenfalls an einer Vielzahl von Stoffwechselvorgängen beteiligt. Es aktiviert mehr als 300 Enzymreaktionen. Bei energieliefernden und -verbrauchenden Reaktionen wie z. B. bei der Muskelkontraktionen wird Magnesium benötigt. Es reguliert die Stabilität und Erregbarkeit der Zellmembranen und ist der physiologische Gegenspieler zum Calcium. Ferner hemmt Magnesium die Freisetzung von Neurotransmittern der »Stresshormone« Adrenalin und Noradrenalin.

Außerdem erhält der Käse, je gelber er in seiner Farbe ist, Vitamin A bzw. dessen Vorstufe das ß-Carotin. Dieses Vitamin ist besonders wichtig für den Sehvorgang und die volle Funktionsfähigkeit der Schleimhäute. In durchaus beachtlichen Mengen kann der Käse B-Vitamine aufweisen. Vor allem B_2, B_{12} und Pantothensäure sind im Käse enthalten. Im menschlichen Organis-mus regulieren und steuern sie verschiedene Stoffwechselvorgänge, insbesondere für die Energiegewinnung, für die Blutbildung und für den Aufbau körpereigener Stoffe.

Käse genießen

Wie schneidet man am besten den Käse auf?

Wer Käse am Stück kauft, braucht auch die richtige Gerätschaft, um einen Käse aufzuschneiden.

Grosses Käsemesser: Das Käsemesser zeichnet sich durch eine stabile Klinge aus. Es ist zum Schneiden von nicht zu festem Hartkäse und Schnittkäse geeignet. Es hat die Größe eines Brotmessers und eine gerade Schneide. Die breite Klinge trägt oft eine Gravur, damit sich der Käse besser vom Messer löst. Dieses Messer braucht aber wirklich nur der Käseliebhaber, der in großen Portionen Käse einkauft.

Parmesanmesser: Es erinnert an einen zu kurz geratenen Dolch. Wer Parmesan nur in kleinen Stücken braucht, kann auf dieses Messer verzichten. Jedoch ist das Messer unentbehrlich, wenn man große Stücke von wirklich hartem bröckligem Käse zerteilen will.

Käsespaten: Dieses Gerät ist mit einer breiten, scharfen Klinge und einem kurzen, festen Griff ausgestattet. Mit ihm werden Schnittkäse und nicht zu feste Hartkäsesorten zerteilt.

Käsebeil: Das Käsebeil hat eine relativ breite und kurze Klinge mit einem seitlichen handlichen Griff. Mit ihm lassen sich besonders gut haushaltsübliche Käsestücke schneiden.

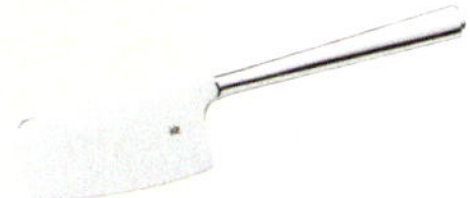

Käsemesser mit zweizackiger Spitze: Dieses Messer hat meist keine durchgehende Klinge, sondern die breite Innenfläche ist herausgestanzt worden. Geeignet ist das Messer für Schnittkäse und Weichkäse. Durch die fehlende Schnittfläche klebt nur wenig Käseteig am Messer. Mit der Spitze lässt sich der abgeschnittene Käse bequem aufspießen.

Käsehobel: Für alle, die Schnittkäse gerne als dünne Scheiben essen. Am Griff befindet sich eine breite Schaufel, die oben einen Schlitz mit Klinge hat, und so kann der Schnittkäse besonders dünn geschnitten werden.

Käsedraht: Ihn gibt es in unterschiedlicher Ausführung. Mal sieht er aus wie eine Stichsäge und mal läuft der Draht beidseitig parallel zur Stange und erinnert an einen Degen. Der Metalldraht ist ähnlich dünn wie beim Eierschneider. Er soll Edelpilzkäse und Rotschmierekäse schneiden, denn so bleibt am wenigsten vom feuchten Käseteig am Messer hängen.

Käsereibe: Je nachdem wie fein der Käse gerieben werden soll, gibt es unterschiedliche Lochungen, auf denen sich der Käse reiben lässt. Zum einen kann die Reibe die Form eines Kantholzes haben, oder es handelt sich nur um eine flache Reibe. Luxusvarianten haben unter der Reibe ein festes Auffangschälchen, in die die feinen Käseraspeln hineinfallen.

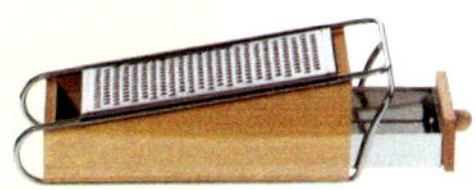

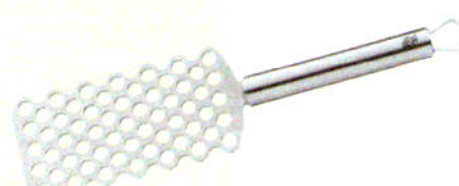

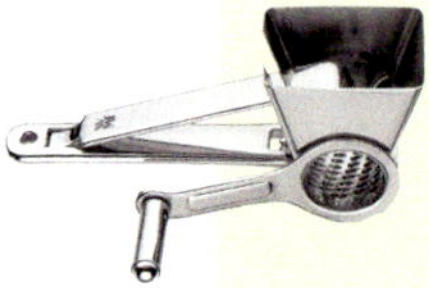

Käsemühle: Wer sich etwas ganz besonders Gutes gönnen will, kauft sich eine Käsemühle. Der Käse wird in kleine Stücke geschnitten und dann per Hand unter Kurbeln gerieben. Manchmal muss man noch ein Auffangbehältnis unterstellen, aber es gibt auch genug Mühlen, die passend unter der Trommel ein Schälchen zum Auffangen des geriebenen Käses haben.

Girolle: Dieses Gerät braucht man nur für einen Käse: den Tête de Moine. Nachdem vom Käse die obere Rinde wie ein Deckel abgeschnitten wurde, wird der Metallstift mittig durch den Käse gedrückt und ein Schaber mit dem oben aus dem Käse herausguckenden Metallstift verankert. So lassen sich kinderleicht kräuselige Rosetten vom Käse abschaben.

Welcher Wein zu welchem Käse ?

Den richtigen Wein zum Käse auszusuchen, da kommen Fachmann wie Laie ins Fachsimpeln, und eine allgemeingültige Lösung gibt es eigentlich nicht. Auch wenn in diesem Buch zu jedem Käse ein Getränk empfohlen ist, soll hier noch einmal darauf hingewiesen werden, dass es sich um einen Vorschlag handelt. Die Empfehlungen dienen als Orientierungshilfe und sind auf keinen Fall absolut zu sehen.

Generell lässt sich folgendes zu Käse und Getränken sagen: Wein, Bier, Cidre und Mineralwasser passen als Getränke zum Käse gut, während Limonade, Saft, Tee oder Kaffee als weniger bis ungeeignet gelten. Aber auch hier bestätigen Ausnahmen immer wieder die Regel: Ein Traubensaft oder Apfelsaft mag zu manchem Käse durchaus passen. Es ist in der Schweiz auch durchaus üblich, zu Käsefondue und Raclette schwarzen Tee zu trinken.

Wenn man nun ganz unsicher ist und nicht so recht weiß, was den Gästen zum Käse bzw. zur Käseplatte angeboten bzw. was im Restaurant bestellt werden soll, der kann sich folgende Regeln merken:

Wein vor Bier
Weißwein vor Rotwein
Rotwein vor Dessertwein
trockene vor süßen Weinen

Weisswein ist der Alleskönner: In vielen Köpfen herrscht die Meinung vor, dass Rotwein besonders gut mit Käse harmoniert. Dies stimmt nur bedingt, denn schwere Rotweine haben oft einen viel zu hohen Tanningehalt, der den Geschmack von milden Käsesorten völlig überdeckt. Leichte Rotweine und Weißweine sind die idealen Begleiter zu den meisten Käsesorten.

Gerade bei den nur kurz gereiften milden Käsesorten passt die Säure eines frischen, fruchtigen Weißweines mit nicht zu hohem Alkoholgehalt besonders gut zur feinen Säure der Käses. Kräftige Weißweine mit vorhandener Restsüße passen hingegen eher zu aromatischen Käsesorten, da sie den Geschmack des Käses auf sehr angenehme Weise intensivieren und gleichzeitig sich die gegenseitige Dominanz nehmen.

Doch nicht zuletzt bestimmt auch der Reifegrad des Käses die Auswahl des Weines.

Käse und Wein aus gleicher Region: Es ist nicht immer möglich, aber doch wünschenswert, zum Käse einen Wein aus der Region zu trinken. Sowohl die Milch wie auch die Trauben werden durch das Mikroklima und den Boden in ihrem Aroma beeinflusst, daher passen Käse und Wein aus einer Region oder aus Regionen mit ähnlichem Klima und Bodenbeschaffenheit besonders gut zusammen.

Natürlich gibt es auch Regionen, in denen Käse wie z. B. Camembert in der Normandie oder Tilsiter im Ostseeraum hergestellt, aber keine Weine produziert werden. Auch zu diesen Käsesorten lässt sich durchaus ein Wein trinken, so streng ist die Regel nicht zu sehen. Umgekehrt ist es auch zu schade, zu einem Mozzarella einen Barolo zu trinken, nur weil beide Produkte aus Italien kommen. Wenn schon Rotwein, dann kann ein Lemberger vielleicht viel besser mit diesem Käse harmonieren.

Wer mit wem?

Frischkäse:

Weißwein: halbtrockene, fruchtige Silvaner, Rivaner, trockene, leichte Weine, wie Grüner Veltiner, Riesling, Sauvignon blanc sowie Champagner, Sekt, Prosecco
Roséwein: Portugieser

Junger Ziegenkäse:

Weißwein: junger Sauvignon, spritziger Riesling, Sancerre
Roséwein: Côtes de Provence
Rotwein: junger Beaujolais, Chinon, Dornfelder, Blaufränkischer

Gereifter Ziegenkäse:

Weißwein: mindestens 3 Jahre gereifter Sauvignon, Chardonnay
Rotwein: kräftige Rotweine von den Côtes du Rhône oder aus dem Languedoc-Roussillon

Weichkäse mit weissem Edelpilz:

Weißwein: Weiß- oder Grauburgunder, Chardonnay
Rotwein: Spätburgunder, Portugieser, Lemberger, Shiraz

Blauschimmelkäse:

Weißwein: Trockenbeerenauslese, Traminer, Scheurebe, Sauternes, Jurançon; Sherry und Portwein
Rotwein: Pomerol, Burgunder

Rotkulturkäse:

Weißwein: Gewürztraminer, Muscat d'Alsace
Rotwein: Languedoc, Cahors, Pomerol, Corvo

Milder Schnittkäse:

Weißwein: fruchtiger Riesling, Weißburgunder
Rotwein: milder Spätburgunder, Beaujolais

Würziger Hartkäse:

Weißwein: Fendant
Roséwein: Tavel
Rotwein: Merlot, Cabernet Sauvignon, Barolo

Sauermilchkäse:

Bier oder Apfelwein, kein Wein

Wie stelle ich eine Käseplatte zusammen?

Eine Käseplatte kann man schon aus drei bis vier verschiedenen Käsesorten zusammenstellen. Die Auswahl sollte auf den Anlass, die Tages- und Jahreszeit, das Menü sowie auf die Zahl der Gäste abgestimmt sein. Am besten sucht man aus den großen Käsefamilien mindestens einen Vertreter aus, so ist für jeden Geschmack etwas dabei.

Die richtige Menge! Für die Planung einer Käseplatte muss neben der Auswahl der Sorten die Käsemenge festgelegt werden. Dabei gilt folgende Faustregel: Man rechnet 200 g pro Person, wenn der Käse als Hauptspeise, z. B. bei einer abendlichen Einladung zu Käse und Wein, gereicht werden soll. 60 bis 80 g pro Person sind es, wenn der Käse als Dessert geplant ist oder beim Brunch gereicht wird.

Perfekt angerichtet! Die Käsesorten werden nicht willkürlich auf irgendeinem Teller platziert. Je nach Anlass sind Holzbrett, Marmorplatte oder auch ein schlichter Tortenteller geeignet. Sortiert wird der Käse nach seiner Würze, und zwar im Uhrzeigersinn. Oben rechts beginnt es mit den milden Käsesorten, dann folgen die würzigeren Käsesorten und zum Schluss findet man die extrem kräftigen Käsesorten.

Käse werden also nicht nach ihren Gruppen, sondern nach ihrem Aroma bzw. Geschmack sortiert. Gerade wenn man gerne neue Sorten ausprobiert, ist der richtige Aufbau einer Käseplatte schwierig. Entweder Sie lassen sich im Käsefachgeschäft beraten, oder Sie orientieren sich anhand der

Käsegruppen an folgenden Faustregeln: Frischkäse ist milder als junger Weichkäse, es folgen die jungen bis mittelalten Ziegenkäse, danach kommen in der Regel die Schnitt- und Hartkäsesorten gefolgt von den reifen Ziegenkäse und den geschmacksintensiven Weichkäse mit weißem Edelpilz, den Schluss bilden die pikanten Käse mit Rotkultur oder blauer Edelpilzkultur.

Vorschläge zu Käseplatten:

Italienische Käseplatte: Provolone, Fontina, Taleggio, Gorgonzola

Französische Käseplatte: Picodon, Brie de Melun, Morbier, Beaufort, Munster, Roquefort

Käseplatte »Normandie«: Neufchâtel, Camembert, Pont-l'Evêque, Livarot

Käseplatte »Jura«: Comté, Bleu de Gex, Vacherin du Haut-Doubs

Käseplatte »Midi«: Cabécou, Ossau-Iraty, Roquefort

Käseplatte »Auvergne«: Cantal, Saint-Nectaire, Fourme d'Ambert, Laguiole

Spanische Käseplatte: Tetilla, Ibores, Idiazábal, Cabrales

Käseplatte zum Brunch: angemachter Doppelrahmfrischkäse, Brie, Gouda, Emmentaler, Bavaria blu

Außenseiterkäseplatte: Altenburger Ziegenkäse, Jarlsberg, Tilsiter, Havarti, Stilton

Käseplatte zum Bier: Cheddar, mittelalter Gouda, angemachter Harzer, Limburger

Mediterrane Käseplatte: Mozzarella, Brocciu, Manchego, Roquefort

Käseplatte »Internationale Highligths«: Camembert de Normandie, Manchego, Greyerzer, Taleggio, Roquefort

> Wichtig!
>
> Unabhängig von der Zusammenstellung Ihrer Käseplatte: Der Käse muss sein volles Aroma entfalten können. Darum sollten Sie den Käse eine 1/2 bis 1 Stunde vor Beginn des Essens aus dem Kühlschrank nehmen!

Mit oder ohne Rinde ...: Auch hier gibt es keine festen Regeln, jedem so, wie es ihm beliebt. Die Rinde sollte natürlich bei Hartkäse, die lange reifen, oder Schnittkäse, die gewachst sind, abgeschnitten werden. Bei Käse mit Rotkultur und Edelschimmelpilz ist es halt Geschmacksache. Mit Rinde sind die Käse wesentlich aromatischer, da sich die Geschmacksstoffe gerade in der Rinde am intensivsten ausbilden. Wer es also eher mild mag, schneidet die Rinde ab. Die, die das volle Aroma suchen, verzehren den Käse komplett.

Ungewöhnliche Kombination: pikant und süss

Die einen lehnen es ab, die anderen halten es für eine Köstlichkeit: Käse mit Marmelade. Wer zu den Liebhabern von pikant gepaart mit süß zählt, sollte unbedingt auch mal Rosinenbrot oder -brötchen mit einem kräftigen Rotkulturkäse wie z.B. dem Munster oder einem blauen Edelpilzkäse wie dem Bleu d'Auvergne probieren. Es gibt Kenner, die schwören darauf.

Welches Brot passt zu welchem Käse?

Zum richtigen Umgang mit Käse tut sich immer wieder eine neue Frage auf. Hat man nun bereits mühsam die hoffentlich richtigen Käse für die Käseplatte ausgesucht, stellt sich nun auch noch die Frage nach dem richtigen Brot.

Vorweg soll eins klar gestellt werden. Etwas richtig falsch kann man bei der Auswahl des Brotes zum Käse nicht machen. Solange es einem selbst schmeckt, ist die Zusammenstellung auch in Ordnung. Aber natürlich möchte man möglichst den Geschmack vieler und insbesondere seiner Gäste treffen. Kennt man die Vorlieben seiner Gäste, kann man natürlich ungeachtet, was im nachfolgenden zu lesen ist, den Gästen ihr Lieblingsbrot anbieten. Wer gerne mal statt der Klassiker, Baguette, Toast oder Pumpernickel, etwas anderes servieren möchte, lässt sich überraschen, wie gut Käse mit den verschiedensten Brotsorten harmoniert.

KULINARISCHE ZWEISAMKEIT ZWISCHEN BROT UND KÄSE:

- MILDER SCHNITTKÄSE: Mehrkornbrötchen, Baguette, Roggenmischbrot
- NUSSIGER SCHNITTKÄSE: Schinkenbrötchen, Weizenbrötchen, kräftiges Bauernbrot
- GESCHMACKSINTENSIVER WEICHKÄSE MIT ROTKULTUR: Röggelchen, Weizenmischbrot, Stangenweißbrot, Mehrkornbrötchen, Kümmelbrot
- SCHNITTKÄSE ODER WEICHKÄSE MIT WENIG AUSGEPRÄGTER ROTKULTUR: Schinkenbrötchen, Grahambrot, Knäckebrot aus Weizenvollkorn
- KRÄFTIGE WEICHKÄSE MIT WEISSEM EDELPILZ: Weizenbrötchen, Stangenweißbrot
- MILDE WEICHKÄSE MIT WEISSEM EDELPILZ: Pumpernickel, Sonnenblumenkernbrot, dunkles Roggenmischbrot, Grahambrötchen
- VOLLMUNDIGER, BUTTRIGER SCHNITTKÄSE: Stangenweißbrot, Weizenmischbrot, Vollkornknäckebrot, Mehrkornweizenbrötchen
- NUSSIGER, WÜRZIGER HARTKÄSE: Weizenbrötchen, Grahambrötchen, Vollkornknäckebrot, Stangenweißbrot
- SCHAFMILCHKÄSE: Schinkenbrötchen, Weizenbrötchen, Baguette, Olivenbrot, Knäckebrot, helles Sechskornbrot

SO RICHTEN SIE KÄSE AN:

Die Käse am Stück und ohne Verpackung präsentieren, nicht aufschneiden. Reife Käse könnten auslaufen. Auf keinen Fall in Scheiben schneiden, da diese schnell austrocknen oder anfangen zu schwitzen. Darunter leidet nicht nur die Optik, auch der Geschmack. Passende Messer bereit legen.

- Ziegenkäse: Schinkenbrötchen, Weizenbrötchen, Roggenvollkornbrot
- Käse mit blauem Edelpilz: Sesambrötchen, Pumpernickel, Roggenvollkornbrot

Und was passt sonst noch zum Käse?

Käse nur mit Brot und Wein ist zwar schon fast eine perfekte Mahlzeit, lässt sich aber noch durch etwas Obst oder Gemüse toppen. Damit das Ganze gut harmoniert, lässt sich in dieser Liste nachschauen, welche Kombinationen als besonders gelungen gelten.

- Frischkäse: Erdbeeren, Mango, Orange, Tomaten, Radieschen, Kräuter, Rucola, Stangensellerie
- Weichkäse mit weissem Edelpilz: Trauben, rote Beeren, Feigen, Walnüsse, Tomaten, Radieschen, Kräuter, Paprika
- Weichkäse mit Rotkultur: Rosinen, getrocknete Feigen, Zwiebel, Frühlingszwiebel

- Käse mit blauem Edelpilz: Birnen, Äpfel, Trauben, Datteln, Walnüsse, Stangensellerie, Fenchelknolle
- Schnittkäse: Trauben, Mandarinen, Tomaten, Paprika, Essiggurken, Radieschen
- Hartkäse: Trauben, Walnüsse, Tomate, Essiggurken, Radieschen, Feldsalat
- Ziegenkäse: Feigen, Birne, Pinienkerne, Tomate, Rucola, Oliven, Paprika

SCHAFSKÄSE: Trauben, Feigen, Pinienkerne, Tomate, Oliven, Paprika

HINWEISE ZUM KÄSELEXIKON

Die folgenden Hinweise sollen Ihnen helfen, sich mühelos im Käselexikon zurechtzufinden:

Die Käse werden alphabetisch nach ihrem Namen aufgeführt. Verwandte oder ähnliche Käsesorten sind in einem Porträt abgehandelt und daher lohnt sich der Blick ins Register, wenn Sie so den gesuchten Käse nicht finden. Das Vorstellen der Käse erhebt nicht den Anspruch auf Vollständigkeit. Die Auswahl ist nach geschützten Käsesorten erfolgt, Marken finden daher keine große Berücksichtigung.

Der Kasten in der Randspalte zeigt Ihnen auf einen Blick die wichtigsten Merkmale des Käses, d. h. neben der Aussprache die Milchsorte und die Herkunft. Ferner geben wir Ihnen eine Getränkeempfehlung. Die Symbole haben folgende Bedeutung:

Milch von der Kuh: 
Milch vom Schaf: 
Milch von der Ziege: 
Rohmilch: 
Pasteurisiert: 

Zum Fettgehalt sei noch erwähnt, dass die verbreiteteste Fettgehaltstufe erwähnt wird und dass es sich in der Regel um den Mindestfettgehalt innerhalb der Fettgehaltsstufe handelt.

Abondance

Aussprache:
A bong dohngs

Milch:

Land:
Frankreich

Getränke-empfehlung:
Weißwein, z. B. Fendant

TYP: Hartkäse

HERKUNFT UND VERBREITUNG: Dieser französische Bergkäse ist in einem Kloster namens Abondance im 5. Jahrhundert n. Chr. erfunden worden. Das Kloster liegt im gleichnamigen Tal in der Haute-Savoie, den französischen Alpen.

MERKMALE: Der runde Käse ist 7 bis 12 kg schwer. Er hat einen Durchmesser von 38 bis 43 cm. Die Höhe beträgt 8 cm, und er hat einen leicht gewölbten Rand. Die Rinde ist je nach Alter orange-gelb und glatt bis bräunlich und zerklüftet. Seine Konsistenz ist samtig bis geschmeidig und der Teig ist meist gleichmäßig verteilt mit kleinen Löchern durchzogen.

HERSTELLUNG: Abondance ist ein Rohmilchkäse, der aus der Milch von Abondance-Kühen gewonnen wird. Diese Rinderrasse ist an das raue Gebirgsklima gewöhnt. Käse, der aus der Sommermilch hergestellt ist, schmeckt besonders aromatisch und ist in seiner Farbe dunkler. Direkt nach dem Melken der Kühe wird die noch warme Milch mit Lab versetzt. Die dickgelegte Milch wird unter Rühren erhitzt, um einen festen Teig mit Löchern zu erhalten. Der Käseteig wird in ein Tuch gewickelt, in einem Holzreifen geformt und gepresst. Die Reifezeit beträgt mindestens 90 Tage.

IN DER KÜCHE

AROMA:
Abondance hat einen fruchtigen und nussigen Geschmack.

FETTGEHALT:
48 % Fett i. Tr.

VERWENDUNG:
Kartoffelkuchen mit Abondance ist eine regionale Spezialität, die man in gemütlicher Atmosphäre in den Bergdörfern des Abondance-Tals genießen kann. Die Dörfer gehören übrigens zur bekannten Skiregion Portes du Soleil.

WUSSTEN SIE?
Zu besonderer Berühmtheit gelangte der Käse im Jahr 1381, als die Abtei von Abondance zum offiziellen Lieferanten der Papstwahl ernannt wurde. 15 Zentner Abondance lieferte das Kloster zur Konklave nach Avignon an.

EINKAUF/LAGERUNG:
Abondance finden Sie nur im gut sortiertem Käsefachgeschäft. Der Rohmilchkäse ist AOC (Appelations d'Origine) geschützt. Sommer-Abondance sollten Sie bevorzugen und den Käse stets am Stück kaufen. Zuhause sollte er bei 10° C im Kühlschrank gelagert werden. Am besten lagert er alleine oder mit Käsesorten gleichen Typs mit Pergamentpapier umhüllt in einer Plastikdose.

Allgäuer Bergkäse

Milch:

Herkunft:
Deutschland

Getränke-empfehlung:
Weißwein, z. B. Grauburgunder

TYP: Hartkäse

HERKUNFT UND VERBREITUNG: Der Allgäuer Bergkäse ist ein ursprungsgeschützter Käse und darf daher nur in den Landkreisen Lindau, Ober-, Ost- und Unterallgäu, Ravensburg und Bodenseekreis sowie in den Städten Kempten, Kaufbeuren und Memmingen produziert werden.

MERKMALE: Der Allgäuer Bergkäse hat einen kleineren und niedrigeren Laib als sein großer Bruder, der Allgäuer Emmentaler. Sein Gewicht liegt zwischen 15 und 50 kg. Die Löcher sind ebenfalls kleiner und der Teig ist dunkler.

HERSTELLUNG: Allgäuer Bergkäse wird ähnlich wie Emmentaler hergestellt, jedoch nur in Kleinbetrieben, nämlich auf den Sennhütten der Allgäuer Alpen und in wenigen Talkäsereien, vorwiegend im Oberallgäu in Höhen zwischen 900 und 1800 m. Er wird grundsätzlich aus Rohmilch hergestellt und hat eine Reifezeit von mindestens 4 Monaten. Jedoch reifen einige bis zu 1 Jahr und entwickeln auch dann erst ihr volles, intensiv würziges Aroma.

In der Küche

Aroma:
Je gereifter der Allgäuer Bergkäse ist, umso intensiver, kräftiger und würziger schmeckt er.

Fettgehalt:
50 % Fett i. Tr.

Verwendung:
Er ist der passende Käse für eine Brotzeit beim Wandern in den Bergen. In Würfel geschnitten passt er ausgezeichnet zu fruchtigen Salaten, und aufgrund seiner guten Schmelzeigenschaft lassen sich mit ihm ausgezeichnet Aufläufe oder Toast überbacken.

Einkauf/Lagerung:
Allgäuer Bergkäse erhalten Sie problemlos in jedem Molkereigeschäft in Süddeutschland. Anderswo muss meist das Käsefachgeschäft aufgesucht werden. Bergkäse erhalten Sie auch an vielen Käsetheken im Supermarkt, dieser muss nicht wie der Allgäuer Bergkäse aus Rohmilch und in Kleinbetrieben hergestellt worden sein. Der Käse lässt sich gut verpackt im Kühlschrank lagern.

Altenburger Ziegenkäse

Milch:

Herkunft:
Deutschland

Getränke-empfehlung:
Weißwein, z. B. Silvaner

TYP: Weichkäse

HERKUNFT UND VERBREITUNG: Altenburger Ziegenkäse hat seinen Ursprung im thüringischen-sächsischen Grenzgebiet. Er ist ein Käse, der nur in den Landkreisen Altenburg, Schmölln, Gera, Zeitz, Geithain, Grimma, Wurzen, Borna und der Stadt Gera hergestellt werden darf.

MERKMALE: Der runde Laib des Käses hat einen Durchmesser von 11,5 cm und eine Höhe von etwa 2 cm. Er wiegt 250 g. Die Oberfläche ist mit weißem Camembertschimmel überzogen. Der Teig ist blassgelb, geschmeidig und mit ein paar Bruchlöchern durchzogen. Den Kümmelsamen nimmt man als braune Flecken im Käseteig wahr.

HERSTELLUNG: Der Altenburger Ziegenkäse wird aus Kuhmilch unter Zugabe von 15 % Ziegenmilch hergestellt. Die Milch wird mit Lab dickgelegt und der Bruch grob zerschnitten. Vor dem Ausformen der Käselaibe wird der Kümmel hinzugegeben, und der Käse reift innerhalb von 10 Tagen.

IN DER KÜCHE

AROMA:
Der Altenburger Ziegenkäse hat einen ausgeprägten Geschmack und der Kümmel lässt sich deutlich herausschmecken.

FETTGEHALT:
30 % Fett i. Tr.

VERWENDUNG:
Altenburger Ziegenkäse wird traditionell auf Brot gegessen. Mit ein paar sauer eingelegten Gurken oder roten Beeten ergibt er eine sättigende Zwischenmahlzeit.

EINKAUF/LAGERUNG:
Altenburger Ziegenkäse erhalten Sie in Sachsen und Thüringen an jeder größeren Käsetheke. In den alten Bundesländern muss man für den Kauf des Käses ein Spezialitätengeschäft aufsuchen. In einer aromadichten Dose verschlossen lässt sich der Käse kurze Zeit im Kühlschrank lagern.

Appenzeller

Milch:

Land:
Schweiz

Getränke-
empfehlung:
Rotwein, z. B.
Spätburgunder

TYP: Schnittkäse

HERKUNFT UND VERBREITUNG: Dieser Käse hat seinen Ursprung in den Ostschweizer Halbkantonen Appenzell, Inner- und Außerrhoden. Heute wird er außerhalb der Ursprungskantone in Teilen der Kantone St. Gallen und Thurgau hergestellt.

MERKMALE: Der runde Käse wiegt etwa 7 kg. Er hat einen Durchmesser von 30 bis 33 cm. Die Höhe beträgt 7 bis 9 cm. Die natürliche Rinde ist rötlich bis dunkelbraun und genarbt. Der Teig hat nur eine geringe Lochung. Seine Konsistenz ist zart und geschmeidig. Die Löcher sind 3 bis 6 mm groß und meist gleichmäßig verteilt.

HERSTELLUNG: Die Milch kommt von Kühen, die mit Heu, aber niemals mit Silo gefüttert worden sind. Täglich werden 16 000 l Milch verarbeitet. Im ersten Schritt wird die Milch auf 10° C heruntergekühlt, dann zentrifugiert, denn der Fettgehalt muss genau eingestellt werden. In Kesseln von maximal 6000 l Fassungsvermögen wird die Milch unter ständigem Rühren auf 31° C erwärmt, danach werden das Lab und die Milchsäurebakterien hinzugefügt. Nach etwa 30 bis 40 Minuten gerinnt die Milch, und der Käsebruch wird mit einer Käseharfe

geschnitten. Wenn der Käsebruch maiskörnergroß ist, wird die Molke abgelassen. Der Käsebruch wird ein weiteres Mal unter Rühren erwärmt, dadurch erhält die Käsemasse die erforderliche Festigkeit. Nun wird der Käse geformt und gepresst. Danach kommt er mit der Form in ein Abtropfregal und wird in einem Abtropfraum gelagert. Das anschließende Liegen in der Salzlake ist entscheidend für die Rindenbildung, den Geschmack und die Haltbarkeit des Käses. Im Käsekeller bei Temperaturen um die 14° bis 15° C und einer Luftfeuchtigkeit von 90 % reift der Appenzeller aus. Der Käse liegt dort mindestens 3 Monate, er wird gewendet und mit Kräutersulz gepflegt. Die genaue Herstellung des Kräutersulzes ist ein streng gehütetes Geheimnis der Käsemacher.

HISTORISCHES: Früher war der Appenzeller einer von vielen traditionellen Alpkäse, welche ebenfalls Zinskäse genannt wurden. Sie dienten als Zahlungsmittel für die Steuerschuld der Bauern.

Schweizer Brot-Auflauf

ZUTATEN: 1 große Gemüsezwiebel • 2 Knoblauchzehen • 200 g Champignons • 2 EL Öl • 400 g Putenschnitzel • 1 EL Rosenpaprika • 200 g Sahne • 500 ml Gemüsefond • 1 EL Stärke • Salz und Pfeffer • 1/2 Baguette • 150 g Appenzeller • 250 ml Milch • 2 Eier

ZUBEREITUNG: Zwiebel schälen und fein hacken. Knoblauchzehen schälen und pressen, Champignons putzen und in feine Scheiben schneiden.

Das Fleisch in kleine Stücke schneiden, im Öl anbräunen, rausnehmen, im Öl die Zwiebel und den Knoblauch glasig dünsten, Champignons zugeben. Mit Paprika bestäuben, etwas schwitzen lassen und mit Sahne und Brühe ablöschen. 5 Minuten köcheln lassen. Stärke mit wenig Wasser glatt rühren, die Sauce damit binden. Fleisch wieder zugeben, würzen. Baguette in dicke Scheiben schneiden. Milch und Eier verquirlen, würzen. Fleisch in eine Auflaufform füllen, Baguettescheiben darüber legen, mit geriebenem Käse bestreuen und mit der Eiermilch übergießen. Bei 200° C etwa 30 Minuten backen.

In der Küche

Aroma:
Appenzeller hat einen vollwürzigen und feinen Geschmack.

Fettgehalt:
48 % Fett i. Tr.

Verwendung:
Appenzeller eignet sich aufgrund seiner hervorragenden Schmelzeigenschaften besonders gut für Aufläufe, Gratins und Saucen sowie für Käsefondue. In Appenzell werden auch gerne ein paar Scheiben pur zu knusprigen Bratkartoffeln und Spiegeleiern gereicht.

Einkauf/Lagerung:
Appenzeller finden Sie in jeder größeren Käsetheke. Zuhause sollte er im Kühlschrank am Stück alleine oder mit Käsesorten gleichen Typs, mit Pergamentpapier und gelöcherter Alufolie umhüllt, gelagert werden.

Asiago d'allevo

Aussprache:
Asjago dallewo

Milch:

Herkunft:
Italien

Getränke-empfehlung:
Rotwein, z. B. Marzemino aus dem Trentino

TYP: Schnittkäse

HERKUNFT UND VERBREITUNG: Die Heimat des Asiago sind die Provinzen Vicenza und Trient sowie einige Gemeinden der Provinz Padua und Teile der Provinz Treviso.

MERKMALE: Der Asiago d'allevo ist ein 9 bis 12 cm hoher und im Durchmesser 30 bis 36 cm großer, runder, zylindrischer Käse mit einem fast geraden Rand. Sein Gewicht variiert zwischen 8 und 12 kg. Er hat eine glatte und gleichmäßige Rinde. Der mittelalte Asiago hat einen kompakten Teig mit kleinen bis mittelgroßen Löchern. Im Anschnitt zeigt sich eine hell strohgelbe Farbe. Der alte Asiago hat im Unterschied zum mittelalten eine körnige Konsistenz.

HERSTELLUNG: Die mit Lab versetzte Milch stammt entweder aus zwei Melkvorgängen, wovon nur der erste entrahmt wird, oder aus einem einzigen Melkvorgang, der ebenfalls entrahmt wird. Nach dem Dicklegen des Käses lässt man die Molke abfließen und gibt die Käsemasse in spezielle Holzformen, die »fascere« genannt werden. Der Käse wird trocken oder in einer leichten Salzlake gesalzen. Man kennt den Asiago »mittelalt« oder »alt«, je nach Länge der Reifezeit, die bis zu 2 Jahre dauern kann.

VERWANDTE SORTE: Der *Asiago pressato* wird aus Vollmilch hergestellt und hat daher einen Mindestfettgehalt von 44 % Fett i. Tr. Äußerlich unterscheidet er sich nur wenig vom Original. Er wird im Gegensatz zum Asiago d'allevo gepresst und reift daher schon in 20 bis 40 Tagen. Man findet ihn überwiegend in den Käsetheken und er ist im Geschmack wesentlich milder.

Spargelrisotto

ZUTATEN: 6 Stangen grüner Spargel • 6 Stangen weißer Spargel • Salz • 1 TL Butter • 1 Prise Zucker • 2 EL Sahne • 1 Zwiebel • 2 EL ÖL • 200 g Risotto-Reis • 100 ml trockener Weißwein • Pfeffer • 100 g Asiago

ZUBEREITUNG: Den grünen Spargel waschen, weißen Spargel schälen, holzige Enden entfernen. Weißen Spargel 12–15 Minuten, grünen Spargel 10 Minuten in Salzwasser mit Butter und 1 Prise Zucker bissfest garen. Herausnehmen und abtropfen lassen. Spargelspitzen abschneiden, restlichen Spargel in 1 cm lange Stücke schneiden. Ein Drittel der Spargelstücke mit Sahne pürieren.

Zwiebel schälen und fein hacken, in Öl andünsten, Reis zugeben und goldgelb anrösten. 750 ml Spargelsud mit Weißwein mischen. Den Reis damit nach und nach unter ständigem Rühren aufgießen, bis die Flüssigkeit jeweils verkocht ist. Fertiges Risotto mit Salz und Pfeffer abschmecken, Spargelpüree und Spargelstücke unterheben, den Käse zugeben und alles gut mischen.

In der Küche

Aroma:
Der Asiago schmeckt angenehm würzig, nussartig und hat einen leicht zitronigen Nachgeschmack.

Fettgehalt:
34 % Fett i. Tr.

Verwendung:
Der mittelalte Asiago passt ausgezeichnet zu Ciabatta. Alter Asiago wird vorzugsweise über Polenta, Pasta und Suppen gerieben oder unter Risotto gerührt.

Einkauf/Lagerung:
Asiago finden Sie im Käsefachgeschäft oder im italienischen Spezialitätenladen. Er lässt sich gut verpackt im Gemüsefach des Kühlschranks aufbewahren.

Schon probiert?

Polenta-Auflauf: **Schichten Sie Polentascheiben im Wechsel mit Hackragout und geriebenem Asiago in eine Auflaufform. Zwischen die Schichten noch Butterflöckchen setzen. Alles im Ofen bei 180°C etwa 30 Minuten backen.**
Wer es lieber fleischlos mag, schichtet mit Zwiebeln gedünstete Tomaten zwischen die Polentascheiben. Letzte Schicht: Tomatenpüree, Butterflöckchen und Asiago.

Azeitão

Aussprache:
Aseitang

Milch:
🐑 🥛

Herkunft:
Portugal

Getränke-empfehlung:
Rotwein, z. B. Quinta de camarata

TYP: Schnittkäse

HERKUNFT UND VERBREITUNG: Seine Heimat liegt in der Gegend von Setúbal, südlich von Lissabon. Seinen Namen hat er von dem gleichnamigen Ort Azeitão.

MERKMALE: Der Azeitão ist ein kleiner, runder Käse mit einem Durchmesser von 7,5 bis 9 cm und einer Höhe von 3,5 bis 4,5 cm. Sein Gewicht variiert zwischen 100 und 250 g. Er hat einen weißen bis gelblichen Teig, der nur wenige oder gar keine Löcher aufweist. Seine Naturrinde ist rotorange und gewaschen.

HERSTELLUNG: Der Azeitão wird aus der Rohmilch von Schafen gewonnen. Nachdem die Milch dickgelegt wurde, lässt man die Molke langsam abfließen. Nach dem Salzen wird der Käse 20 Tage bei einer Temperatur von 10° bis 12° C und einer Luftfeuchtigkeit von 85 bis 90 % gelagert.

In der Küche

Aroma:
Der Azeitão hat einen dezenten Geschmack nach Schafmilch und ist leicht säuerlich und mild.

Fettgehalt:
45 % Fett i. Tr.

Verwendung:
Der Azeitão wird gerne zu einem Glas Wein genossen oder ist beliebt als Käse auf der Käseplatte.

Einkauf/Lagerung:
Azeitão finden Sie im Käsefachgeschäft oder im portugiesischen Spezialitätenladen. Er lässt sich am Stück gut verpackt im Gemüsefach des Kühlschranks aufbewahren.

Beaufort

Aussprache:
Bohfohr

Milch:

Herkunft:
Frankreich

Getränke-empfehlung:
Rosé oder Weißwein, z. B. Chardonnay

TYP: Hartkäse

HERKUNFT UND VERBREITUNG: Beaufort ist ein Bergkäse, dessen Namen auf eine Ortsbezeichnung in der Nähe von Albertville zurückgeht. Hier soll der Käse erstmals hergestellt worden sein. Es handelt sich heute um einen herkunftsgeschützten Käse aus dem Savoyen, der Alpenregion Frankreichs.

MERKMALE: Der Käse hat die Form eines Mühlrades; mit einem Durchmesser von 60 cm und einer Höhe von 20 cm ist er nicht gerade klein. Er hat einen leicht nach innen gewölbten Rand und wiegt zwischen 40 und 60 kg. Er trägt eine Naturrinde, diese ist tiefgelb bis braun und sehr dünn.

HERSTELLUNG: Die Milch für den Beaufort stammt von den Tarentaise-Kühen und kommt ausschließlich aus den Hochalpen. Im Sommer weiden die Kühe auf den Hochalmen oberhalb der Baumgrenze, und der Käse wird direkt auf den Almen produziert. Für jeden Laib werden etwa 500 l Milch benötigt, und eine Kuh dieser Rasse gibt im Durchschnitt 3000 l Milch pro Jahr, so dass pro Kuh etwa 6 Käselaibe im Jahr produziert werden können. Beim Beaufort wird die noch warme Milch unter Zusatz von Lab geronnen. Mit einer Käseharfe oder einem Gallertmesser wird die dickgelegte Milch geschnitten. Das Bruchmolke-

gemisch wird über offener Flamme unter Rühren erwärmt. Anschließend wird der Käse in ein Tuch gewickelt, dabei tropft die Molke ab, und in einem Buchenholzreifen geformt und gepresst. Der halbfertige Käse wird dann in die Täler gebracht und reift dort 6 Monte lang in kühlen Kellern. Beauforts, die länger als 6 Monate reifen, dürfen sich mit dem Zusatz »Haute Montagne« schmücken.

Historisches: Beaufort diente den armen Bergbauern als eine Möglichkeit, an Bargeld zu kommen. Der lange haltbare Käse wurde auf dem Markt in den größeren Städten verkauft und nur zu besonderen Anlässen selbst gegessen.

Gemüsesuppe nach Savoyer Art

ZUTATEN: 100 g durchwachsener Speck • 2 Zwiebeln • 3 Stangen Lauch • 4 Karotten • 1 Stange Bleichsellerie • 3 Kartoffeln • 1 l Wasser • 50 ml Milch • 2 EL Crème fraîche • 4–8 Salbeiblätter • Salz • 8 Scheiben Roggenbrot • 40 g Butter • 150 g Beaufort

ZUBEREITUNG: Den Speck würfeln, in einem Topf auslassen, die geschälten, fein gehackten Zwiebeln, den in Scheiben geschnittenen Lauch und den gehackten Bleichsellerie zugeben, auf kleiner Flamme andünsten. Dann die geschälten, klein gewürfelten Kartoffeln, das Wasser, die heiße Milch, den gehackten Salbei und das Salz zugeben, aufkochen und zugedeckt 30 Minuten köcheln lassen. Abschmecken. Kurz vor dem Servieren die Crème fraîche unterrühren.

Die Brotscheiben buttern, mit geriebenem Beaufort bestreuen, je zwei Scheiben in Suppenteller legen, die heiße Suppe darüber gießen und sofort servieren.

In der Küche

Aroma:
Beaufort riecht fruchtig und leicht sahnig. Sein Geschmack ist nussig, fruchtig und leicht salzig.

Fettgehalt:
48 % Fett i. Tr.

Verwendung:
Beaufort lässt sich vielseitig in der Küche einsetzen. Seine ausgezeichneten Schmelzeigenschaften machen ihn hervorragend geeignet zum Überbacken von Aufläufen, Ofenkartoffeln, Rösti oder auch in Quiches und Omelettes.

Einkauf/Lagerung:
Beaufort wird immer beliebter in Deutschland und ist vielen aus ihrem Skiurlaub in den französischen Alpen bekannt. In zahlreichen Käsefachgeschäften oder an Käsetheken mit einem reichhaltigen Angebot ist er zu finden. Sie sollten ihn am Stück kaufen. Zuhause sollte er bei 10°C im Kühlschrank gelagert werden. Am liebsten lagert er alleine mit Pergamentpapier umhüllt in einer Plastikdose.

Schon probiert?
Servieren Sie einmal Beaufort mit Kürbiskernbrot. Dazu reichen Sie einen gekühlten Rosé, z. B. einen Côtes de Provence.

Bleu d'Auvergne

Aussprache:
Blöh dowernje

Milch:

Herkunft:
Frankreich

Getränke-empfehlung:
Côtes du Rhône, Cahors, aber auch Süßweine wie Sauternes

Typ: halbfester Schnittkäse mit Innenschimmel

Herkunft und Verbreitung: Dieser französische Blauschimmelkäse war ursprünglich nur eine Kopie des berühmten Roquefort. Heute stellt er einen der namhaften Käse in der Auvergne, im Zentralmassiv in den Regionen Cantal und Puy-de-Dôme dar. 1975 erhielt dieser Käse das AOC-Siegel, welches das Produktionsgebiet und die Herstellung festlegen.

Merkmale: Der Käse wird in flache, zylindrische Formen von verschiedenen Maßen gepresst. Die großen Bleu d'Auvergne haben ein Durchmesser von 20 cm, sind etwa 10 cm hoch und wiegen 1,5 bis 3 kg. Die Kleinen haben nur ein Durchmesser von 10,5 cm und bringen 350 g, 500 g oder 1 kg auf die Waage. Sie werden mit Aluminiumfolie umhüllt. Der Käse ist mit blauen Adern durchzogen und hat nur eine dünne Außenschicht.

Herstellung: Der Käse wird unter Zusatz von Lab hergestellt. Nach dem Zerschneiden und Rühren werden dem Käsebruch Blauschimmelsporen zugesetzt, er wird in Formen gegeben und die Molke tropft ab. Der Käse wird mit Luftkanälen versehen, damit sich der Edelpilz bilden kann. Die Reifung erfolgt in belüfteten Kellern und ist bei großen Käse nach 4 Wochen abgeschlossen, bei kleineren nach 3 Wochen.

Historisches: Eine Legende um den Käse besagt, dass ein Bauernsohn mit dem Namen Antoine Roussel auf die Idee kam, dem Käsebruch einen blauen Schimmelpilz zuzugeben, den er auf einem Roggenbrot entdeckt hatte. Anschließend durchstach er den Käse mit einer Nadel, so entwickelten sich die zahlreichen Edelpilzadern und der Käse erhielt sein besonderes Aroma.

Andere bekannte Bleus mit AOC-Siegel: *Bleu des Causses (Aussprache: Blöh deh Kohss)* In den kalkigen Hochebenen des Massif Central, den Causses, findet man seit alters kleine handwerklich betriebene Käsereien. Das felsige Heideland mit seinem rauen und kontrastreichen Klima verleiht dem Bleu des Causses seine Würze. Der Käse reift in 3 bis 6 Monaten in natürlichen Höhlen der Kalksteinfelsen. Diese werden von feuchtkalten Luftströmen durchzogen, die den Käse »aufblühen« lassen

und ihm seinen nussigen, charaktervollen Geschmack verleihen.

Bleu du Haut-Jura oder *Bleu de Gex (Aussprache: Blöh dü oh-schüra, Blöh dö schäks)* Für seine Herstellung wird nur die Milch der Montbéliard-Kühe verwendet, die auf den saftigen Weiden des Jura grasen. Er wird aus Rohmilch hergestellt, hat eine ausgeprägtere Rinde als die anderen Bleus. Auf der Unterseite des Käses ist das Wort »Gex« eingeprägt. Er ist im Geschmack eher mild, leicht haselnussig.

Bleu du Vercors-Sassenage (Aussprache: Blöh dü Wärkohr Sassenasch) Der traditionelle Bergkäse aus dem Rhône-Alpes-Gebiet wurde zuerst von Mönchen hergestellt. Das Rezept verbreitete sich jedoch schnell in den Dörfern der Umgebung. Erst seit 1998 trägt dieser Kuhmilchkäse aus der französischen Alpenregion das begehrte AOC-Siegel. Im Geschmack ist er mild und hat ein leicht nussiges Aroma.

BLEU MIT GRÖSSTER VERBREITUNG: *Bleu de Bresse (Aussprache: Blöh dö Bräss)* Dieser Käse stammt aus Bresse im Burgund. Er ist eine Kreuzung aus Blauschimmelkäse und Weichkäse mit einem starken Weißschimmelüberzug. Er wird aus pasteurisierter Kuhmilch in größeren Mengen industriell hergestellt und ist aufgrund dessen auch stärker verbreitet als die anderen Bleus mit AOC-Siegel, das dieser Käse nicht trägt.

IN DER KÜCHE

AROMA:
Der Bleu d'Auvergne ist im Geschmack kräftig, pikant, salzig und cremig.

FETTGEHALT:
50 % Fett i. Tr.

VERWENDUNG:
Nach dem Essen wird er gerne mit ein paar Trauben serviert. Aber auch zum Aperitif wird er gerne mit Butter verrührt auf Canapés angeboten. Bleu d'Auvergne eignet sich aber auch zum kreativen Kochen. Er würzt Salate und Soufflés. Ein Gratin oder eine Quiche erhalten durch ihn ein besonders kräftiges Aroma. Der Bleu de Gex schmeckt vorzüglich geschmolzen auf einer Scheibe Roggenbrot.

SCHON PROBIERT?

Bleu d'Auvergne mit warmem Haselnussbrot – ein Gedicht!!

EINKAUF/LAGERUNG:
Bleu d'Auvergne finden Sie im französischen Spezialitätengeschäft oder in Feinkostläden mit einer großen Käsetheke. Er soll nicht lange Zuhause gelagert werden. Alleine verpackt wird er bei 10° C im Kühlschrank aufbewahrt und 1 Stunde vor dem Verzehr herausgenommen, damit er bei Zimmertemperatur sein volles Aroma entfalten kann.

Brie

Aussprache:
Bri

Milch:

Herkunft:
Frankreich

Getränke-empfehlung:
Rotwein, z. B. Bordeaux oder Côtes du Rhône

TYP: Weichkäse

HERKUNFT UND VERBREITUNG: Brie stammt aus der Ile de France. Seinen Namen verdankt er der gleichnamigen Landschaft östlich von Paris. Vor der Entwicklung der Eisenbahn, als der empfindliche Käse langen Transportzeiten nicht standhielt, war dieser Käse hauptsächlich den Parisern vergönnt und trug daher auch den Zweitnamen »Pariser«. In Frankreich haben heute zwei Bries ein AOC-Siegel: der Brie de Meaux und der Brie de Melun.

MERKMALE: Der Brie unterliegt in Frankreich folgenden gesetzlichen Vorschriften: Es handelt sich um einen Weichkäse mit Oberflächenschimmel, mindestens 40 % Fett i. Tr. und 44 % Trockenmasse. Der Käse hat die Form einer flachen Torte mit einem Durchmesser von 25 bis 40 cm. Als Petit Brie dürfen Käselaibe mit einem Durchmesser von 14 bis 22 cm auf den Markt gebracht werden.

HERSTELLUNG: Brie reift von innen nach außen, und je nach Herstellungsverfahren bildet sich in wenigen Tagen bis mehreren Wochen der weiße Edelschimmelrasen, der den Käse umschließt. Industriell hergestellter Käse unterscheidet sich von den handwerklichen zum einen darin, dass sie immer aus

pasteurisierter Milch hergestellt werden und dass sie lange in den Kühlregalen des Supermarktes lagern können, ohne dabei übermäßig nachzureifen.

Brie mit AOC-Siegel: Der *Brie de Meaux (Aussprache: Bri dö Moh)* soll den Abgesandten des Wiener Kongresses im Jahr 1814/1815 als Dessert offeriert worden sein. Von da an wurde der Brie in ganz Europa imitiert. Im Gegensatz zum »normalen« Brie, dessen Herkunft nicht geschützt ist, darf der AOC-Käse Brie de Meaux nur aus einem festgelegten Gebiet in der Ile-de-France bei Paris kommen. Er wird nach handwerklicher Tradition aus Rohmilch hergestellt. Mit einer »Brieschaufel« wird der Bruch von der Molke getrennt und per Hand in Formen gegeben, trocken gesalzen und danach langsam und gleichmäßig, mindestens 4 Wochen lang, gereift. Während dieser Zeit wird der Käse mehrmals von Hand gewendet.

Brie de Melun (Ausprache: Bri dö Melöng) Wegen seines etwas geringeren Durchmessers von 24 cm gilt der Brie de Melun als »kleiner« Bruder des Brie de Meaux. Dieser Rohmilchkäse ist im Aroma allerdings viel kräftiger, robuster und salziger. Das liegt vor allem an den unterschiedlichen Herstellungsmethoden. Dank der Behandlung mit Lab gerinnt der Brie de Meaux in weniger als 30 Minuten, während der Brie de Melun mit Milchsäurebakterien zum Gerinnen gebracht wird, was mindestens 18 Stunden dauert. Dann wird der Käse von Hand oder mithilfe einer Schöpfkelle geformt. Die Reifung dauert mindestens 4 Wochen.

ANDERE BRIES: *Coulommiers (Aussprache: Kulomjeh)* Er stammt aus der gleichnamigen Stadt in der Ile-de-France und reift innerhalb von 2 Wochen. Da er selten noch handwerklich, sondern meist in großen Mengen in Molkereien hergestellt wird, ist er weit verbreitet und in vielen Käsetheken zu finden. Er zählt zur Familie der Bries, obwohl er um ein Drittel kleiner ist als der größte Brie. Sein Geschmack ist mild bis leicht herb.

Fougeru (Aussprache: Fuscherü) Dieser Käse hebt sich von den anderen seiner Familie deutlich ab, da er auf der Oberfläche ein Farnblatt trägt. Im Geschmack und Herstellung ähnelt er dem Coulommiers.

Deutscher Brie ist ein Plagiat des französischen Originals, das in Größen von 1 bis 3 kg angeboten und je nach Größe bis zu 4 Wochen reift. Die Konsistenz soll sich nach der Reifung möglichst wenig ändern. Diesen Brie gibt es auch mit Zusätzen von Gewürzen und Kräutern, die vor der Reifung in den Käseteig eingearbeitet werden.

Ziegenbrie Mit der Produktion von Bioprodukten findet man auch zahlreiche regionale Bio-Ziegenbries. Sie sind in der Farbe stets heller als ihre nahen Verwandten aus Kuhmilch. Im Geschmack sind sie ein bisschen kräftiger und salziger, und das typische Aroma der Ziegenmilch lässt sich herausschmecken.

In der Küche

Aroma:
Brie schmeckt säuerlich-mild bis herb-würzig, je nach Alter und Sorte. Der Rohmilchbrie ist aromatischer.

Fettgehalt:
30 % bis 60 % Fett i. Tr.

Verwendung:
Fettreichere Bries eignen sich hervorragend zum Überbacken von Aufläufen, Ofenkartoffeln und Rösti sowie zum Schmelzen in Saucen vom Typ Béchamel. Das Innere des Käses wird auch gerne mit Kräutern und Gewürzen vermengt und als Brotaufschnitt verwendet. Ein Brie hat das optimale Genussstadium erreicht, wenn der Teig goldgelb ist und leicht nachgibt, aber nicht zerläuft.

Einkauf/Lagerung:
Ausgefallenere Bries wie den Brie de Melun und den Brie de Meaux bekommen Sie nur im Käsefachgeschäft. Brie auf Basis von Ziegenmilch finden Sie verstärkt als regionale Marken in Ökoläden. Industriell hergestellte Bries lassen sich bei 10° C im Kühlschrank lagern. Handwerkliche und zum optimalen Genusspunkt gereifte Bries sollten möglichst am selben Tag oder 1 bis 2 Tage nach dem Kauf gegessen werden. Am liebsten lagert er alleine mit Pergamentpapier umhüllt in einer Plastikdose.

Brocciu

Aussprache:
Brotschu

Milch:

Herkunft:
Frankreich

Getränke-empfehlung:
Sauvignon blanc oder ein Côtes du Rhône

TYP: Weichkäse

HERKUNFT UND VERBREITUNG: Die Heimat des Brocciu ist Korsika. Es ist der einzige Käse mit AOC-Prädikat aus Korsika und muss in den Departements Corse-du-Sud und Haute-Corse hergestellt worden sein.

MERKMALE: Der Brocciu hat eine typische abgestumpfte Kegelform und ist in vier Größen zugelassen. Sein Gewicht liegt bei 250 g, 500 g, 1 kg oder 3 kg. Es gibt ihn als Frischkäse unter dem Namen »Brocciu frais« und gereift als »Brocciu sec« oder »Brocciu passu«.

HERSTELLUNG: Für den Brocciu werden Ziegen- und Schafsmolke mit Ziegen- oder Schafsmilch vermischt. Die Molke fällt bei der Herstellung von Weich- oder Schnittkäse an und muss von regionalen Molkereien stammen. Sie wird auf 40° C erhitzt, dann werden Salz und die Rohmilch hinzugefügt. Die Milchmenge darf nicht mehr als 35 % der Molkenmenge betragen. Der Bruch wird gerührt, auf 80° bis 90° C erhitzt, abgeschäumt und zum Abtropfen in die Behälter gefüllt. Er wird sowohl als Frischkäse als auch in unterschiedlichen Reifegraden angeboten. Der gereifte Käse muss an der Oberfläche gesalzen und mindestens 15 Tage in seiner Ursprungsregion gereift sein.

In der Küche

Aroma:
Als Frischkäse ist der Brocciu frisch, fein und leicht ziegig im Geschmack. Gereift schmeckt der Käse kräftiger, salziger und herber.

Fettgehalt:
40 % Fett i. Tr.

Verwendung:
Der Brocciu ist in Korsika Zutat vieler regionaler Gerichte und wird auch zum Backen von herzhaftem Gebäck eingesetzt.

Einkauf/Lagerung:
Brocciu finden Sie in Deutschland leider nur selten im Käsefachgeschäft. Die beste Zeit für diesen Käse ist Oktober bis Juni. Wenn Sie aber mal Korsika-Urlaub machen, sollten Sie nicht vergessen, diesen Käse zu probieren. Der Käse ist gereift einige Tage im Gemüsefach des Kühlschranks lagerbar.

Wussten Sie ...

Schon Napoleons Mutter erwähnte den Brocciu als Käse, der von ihr gerne zum Kochen und Backen verwendet wurde. Der Name des Käses leitet sich von dem korsischen Wort »Brousser« ab, was soviel wie »schlagen« bedeutet. Dies weist auf das aufwändige Rühren bei der Herstellung hin. In den entlegenden Bergdörfern stellte der Käse in der Winterzeit oft die einzige tierische Eiweißquelle dar.

Cabrales

Aussprache:
Kabráles

Milch:

Herkunft:
Spanien

Getränke-empfehlung:
Rotwein, z. B. Rioja

Typ: halbfester Schnittkäse mit Blauschimmel

Herkunft und Verbreitung: Der Cabrales wird ausschließlich im gleichnamigen Ort und drei weiteren Dörfern im östlichen Asturien in Nordspanien erzeugt.

Merkmale: Der Cabrales hat eine weiche, cremige Konsistenz und ist mit einer gräulich-blauen Maserung durchzogen. Der Käse hat eine zylindrische Form mit einer klebrigen, bräunlichen bis schwarzen Rinde. Sein Gewicht schwankt zwischen 1 und 3 kg. Er wird in eine spezielle dunkelgrüne, mit Herkunftssiegel versehene Aluminiumfolie verpackt, um ihn von Plagiaten abzugrenzen.

Herstellung: Der Cabrales wird in der Regel aus Rohmilch von Kühen hergestellt. Im Frühjahr und Sommer wird der Kuhmilch auch Ziegen- und Schafmilch beigemischt. Die Dicklegung erfolgt durch Zusatz von Lab und Milchsäurebakterien bei niedrigen Temperaturen. Der Bruch wird zerkleinert und in zylindrische Formen gepresst. Anschließend wird der Käse gesalzen und 1 bis 2 Wochen luftgetrocknet. Danach beginnt der eigentliche Reifungsprozess. Dafür wird der Cabrales unter regelmäßigen Wenden in feuchten Kalksteinhöhlen mindestens 3 Monate gelagert.

IN DER KÜCHE

AROMA:
Der Cabrales hat einen intensiven, anhaltenden pikanten Geschmack.

FETTGEHALT:
45 % Fett i. Tr.

VERWENDUNG:
Der Cabrales wird nach einem Menü gereicht. Er hat gute Schmelzeigenschaften und kann daher in kleinen Mengen zum Abschmecken von Saucen, zu Fleisch- und Gemüsegerichten als Aromageber eingerührt werden.

EINKAUF/LAGERUNG:
Cabrales finden Sie im Käsefachgeschäft oder im spanischen Spezialitätenladen. Dieser Käse ist ganzjährig erhältlich. Den im Geschmack intensivsten Cabrales erhalten Sie im Spätsommer. Er lässt sich gut verpackt und in einer Dose verschlossen einige Tage im Gemüsefach des Kühlschranks aufbewahren.

WUSSTEN SIE ...

Der Schimmel beim Cabrales entsteht durch den hohen Sporengehalt in der Luft und wird dem Käse nicht zuvor zugesetzt, wie es bei vielen anderen Blauschimmelkäsesorten der Fall ist.

Caciocavallo

Aussprache:
Katschokawallo

Milch:

Herkunft:
Italien

Getränke-empfehlung:
Dessertwein, z. B. Marsala

TYP: Filata-Käse

HERKUNFT UND VERBREITUNG: Der Caciocavallo wird im gesamten südlichen Italien hergestellt.

MERKMALE: Der Caciocavallo ist ein ovaler oder kegelförmiger Käse mit oder ohne Spitze. Er wiegt zwischen 1 und 2,5 kg. Seine dünne Rinde ist glatt und von hellbrauner oder strohgelber Farbe. Der Käseteig ist homogen, kompakt mit geringer Lochung. Die strohgelbe Farbe ist außen intensiver, innen heller.

HERSTELLUNG: Der Caciocavallo wird aus Kuhmilch produziert, die bei 36° bis 38° C unter Zusetzung von Kalbs- oder Ziegenlab gerinnt. Wenn die Masse die gewünschte Konsistenz erreicht hat, wird sie bis auf hasenussgroße Stücke gebrochen. Während der Reifung der Rohkäsemasse findet eine Milchsäuregärung statt, die abhängig vom Säuregrad der Milch, Temperatur und Menge unterschiedlich lange dauern kann. Im geeigneten Moment wird die Ziehung *(filatura)* des Käses vorgenommen und der Teig in die gewünschte Form gebracht. Die so gebildeten Laibe werden erst zum Abkühlen in Wasser und dann in eine Salzlake gelegt. Der Käseteig liegt mindestens 6 Stunden in der Lake. Dann werden die Laibe paarweise zusammengebunden und mindestens 15 Tage an Stangen aufgehängt.

IN DER KÜCHE

AROMA:

Der Caciocavallo ist aromatisch, angenehm, im Mund schmelzend, üblicherweise zart und überwiegend mild. Bei fortgeschrittener Reifung schmeckt er pikant.

FETTGEHALT:

38 % Fett i. Tr.

VERWENDUNG:

Jung wird der Caciocavallo als Antipasto oder zu Brot gegessen. Je älter er ist, umso weniger eignet er sich zum rohen Genuss, sondern wird bevorzugt als Reibekäse verwendet.

EINKAUF/LAGERUNG:

Caciocavallo finden Sie im Käsefachgeschäft oder im italienischen Spezialitätenladen. Er lässt sich gut verpackt im Gemüsefach des Kühlschranks aufbewahren.

WUSSTEN SIE ...

Beim Caciocavallo wird der Käsebruch mit einer Art Mixer zerkleinert und mit heißem Wasser geknetet, bis eine elastische, formbare Masse entsteht. Diese wird in eine längliche Form gezogen – das ist der Prozess der *filatura* – und mit Schnüren abgebunden.

Camembert de Normandie

Aussprache:
Kamommbähr dö Normandi

Milch:

Herkunft:
Frankreich

Getränke-empfehlung:
Rotwein, z. B. ein fruchtiger Beaujolais

Typ: Weichkäse mit Weißschimmel

Herkunft und Verbreitung: Für viele ist der Camembert de Normandie der Inbegriff für französischen Käse. Schon bevor er 1983 das AOC-Siegel erhielt, war er der meistkopierte Käse der Welt. Das Original aus der Normandie erkennt man am Zusatz »de Normandie« im Namen. Es zeichnet ihn als AOC-Käse aus, der nur in der Normandie nach einer genau definierten traditionellen Methode hergestellt werden darf.

Merkmale: Der Camembert de Normandie hat eine runde Form mit einem Durchmesser von 10,5 bis 11,5 cm und einer Höhe von 3 cm. Er wiegt etwa 250 g und ist in eine dünne Holzschachtel verpackt. Er hat eine sehr feine Rinde, die mit weißem Edelschimmelflaum bedeckt ist und rötliche Spuren aufweisen kann.

Herstellung: Camembert de Normandie wird aus der Rohmilch von Kühen hergestellt. Unter Zugabe von Lab gerinnt die Milch nach 1 bis 1 1/2 Stunden. Der Käsebruch wird mit einer durchlöcherten Kelle abgeschöpft und so von der Molke getrennt. Der Käse kommt in die typische Form, und die restliche Molke kann abfließen, danach wird der Käseteig gesalzen. Zum Trocknen wird der Käse in einem »Hâloir«, einem

Raum mit spezieller Luftfeuchtigkeit und Temperatur, getrocknet. Danach reift er in Kellerräumen und wird alle 48 Stunden gewendet. Der Käse reift mindestens 21 Tage, davon 16 Tage am Produktionsort.

HISTORISCHES: Der Legende nach soll der Käse während der Französischen Revolution von der Bäuerin Marie Harel erfunden worden sein. Mit Unterstützung eines aufständischen Priesters, den sie auf ihrem Hof versteckte, soll sie 1791 den damals neuartigen Käse entwickelt haben. Napoléon III. war einer der glühendsten Verehrer des Camembert und ließ ihn bei Hofe servieren. 1880 hatte der Ingenieur Ridel die Idee, den Camembert in einer Schachtel aus dünnem Holz zu verpacken. Dadurch konnte er auf Reisen geschickt und sogar exportiert werden.

Andere Camemberts: Die Form des *Deutschen Camemberts,* der aus pasteurisierter Milch hergestellt wird, erinnert noch recht gut an das Original. Sein Gewicht liegt zwischen 80 und 400 g und er reift in 8 bis 10 Tagen. Einer der bekanntesten Marken sind Rotkäppchen und Champignon.

Ziegencamembert Der aus Ziegenmilch hergestellte Camembert findet immer mehr Anhänger. Er ist ein beliebter Biokäse und wird meist nur als regionale Marke angeboten.

Gebackener Camembert

Zutaten: 1–2 feste Camemberts von je 225 g Gewicht • Mehl • 1 Ei • Paniermehl • Sonnenblumenöl • 1 Bund krause Petersilie • 120 g Preiselbeermarmelade

Zubereitung: Den Käse vierteln und die Schnittstellen mit Mehl bestäuben. Käsestücke in Ei und Paniermehl wenden, im heißen Öl goldbraun ausbacken. Auf Küchenkrepp abtropfen lassen. Petersilie von den Stängeln zupfen, im Öl kross backen. Sie sollte knusprig, aber noch grün sein. Mit einem Schaumlöffel aus der Pfanne nehmen und ebenfalls auf Küchenpapier abtropfen lassen. Die Käsestücke mit der Petersilie garnieren und mit Preiselbeermarmelade servieren.

In der Küche

Aroma:
Jung schmeckt der Camembert leicht säuerlich, gereift hat er einen champignonartigen, leicht fruchtigen Geschmack.

Fettgehalt:
45 % Fett i. Tr.

Verwendung: Camembert de Normandie passt nicht nur auf frisch geschnittenes Bauerbrot und bildet als Teil der Käseplatte den klassischen Abschluss einer warmen Mahlzeit. Mit ihm lassen sich Aufläufe, Kartoffel- und Gemüsegerichte verfeinern. Ein Klassiker der bayerischen Küche ist der angemachte Camembert, auch Obatzer genannt. Großer Beliebtheit erfreut sich der mit Panade umhüllte, ausgebackene Camembert.

Einkauf/Lagerung:
Camembert de Normandie bekommen Sie nur im Käsefachgeschäft. Camembert auf Basis von Ziegenmilch finden Sie verstärkt als regionale Marken in Ökoläden.
Bries, die industriell hergestellt worden sind, lassen sich bei 10° C im Kühlschrank lagern. Handwerkliche und zum optimalen Genusspunkt gereifte Bries sollten möglichst am selben Tag oder 1 bis 2 Tage nach dem Kauf gegessen werden.

Cantal

Aussprache:
Kangtal

Milch:

Herkunft:
Frankreich

Getränke-empfehlung:
Rotwein, z. B. fruchtiger Côtes du Rhône oder Corbières

TYP: Schnittkäse

HERKUNFT UND VERBREITUNG: Der Cantal ist ein Schnittkäse aus dem Pays Vert, Mitten in der Auvergne. Er trägt schon seit 1956 ein AOC-Siegel. Er wird im ganzen Departement Cantal und in 41 Gemeinden aus den angrenzenden Departements Aveyron, Corrèze, Haute-Loire und Puy-de-Dôme hergestellt.

MERKMALE: Der Cantal hat eine dicke, trockene, graue Rinde. Je Älter der Käse wird, umso dicker und goldfarbener wird die Rinde. Im jungen Stadium ist die Konsistenz des Käses schnittfest und geschmeidig, im gereiften Stadium ist sie leicht brüchig. Cantal hat die Form eines großen Zylinders mit einem Durchmesser von 40 cm, 45 cm Höhe und etwa 43 kg Gewicht. Es gibt ihn auch in kleineren Formaten, dann heißt er »Petit Cantal« und ist nur 20 kg schwer oder »Cantalet« und bringt nur 10 kg auf die Waage.

HERSTELLUNG: Der Cantal wird aus fermentierter Kuhmilch hergestellt. Der Bruch wird gerührt, gepresst und nach einer Reifezeit ein weiteres Mal zerkleinert. Danach wird der Käse gesalzen, geformt und 48 Stunden gepresst. Die ausgeformten Laibe reifen mindestens 30 Tage im Keller. Ein gereifter Cantal lagert noch weitere 4 bis 6 Monate.

IN DER KÜCHE

WUSSTEN SIE …

Der Cantal zählt zu den ältesten Käsesorten. Seine Entstehung lässt sich vor 2000 Jahren belegen. Der Römer Plinius der Ältere beschreibt diesen Käse. Sein Ursprungsgebiet liegt in 700 bis 1000 m Höhe, das sich um das Vulkanmassiv der Haute Auvergne zieht.

AROMA:

Jung schmeckt Cantal leicht säuerlich und etwas herb, gereift hat er einen ausgeprägten, pikanten Geschmack.

FETTGEHALT:

45 % Fett i. Tr.

VERWENDUNG:

Der Cantal passt besonders gut zu Obst. Aber auch zum Kochen ist er aufgrund seiner guten Schmelzeigenschaften hervorragend geeignet. Mit ihm lassen sich Aufläufe und Gratins überbacken, aber auch Suppen und Saucen erhalten eine angenehme Würze.

EINKAUF/LAGERUNG:

Den Cantal bekommen Sie nur im Käsefachgeschäft. Er lässt sich im Gemüsefach des Kühlschranks einige Wochen lagern, dafür umhüllen Sie ihn mit Pergamentpapier und gelöcherter Alufolie.

Chabichou du Poitou

Aussprache:
Schabischu dü Poatuh

Milch:

Herkunft:
Frankreich

Getränke-empfehlung:
Weißwein, z. B. Sancerre

TYP: Weichkäse

HERKUNFT UND VERBREITUNG: Der Chabichou du Poitou kommt aus Westfrankreich, aus einer sehr begrenzten Region des kalkhaltigen Haut-Poitou, das Teile der Departements Vienne, Deux-Sèvres und Charente umfasst.

MERKMALE: Der Chabichou du Poitou hat die charakteristische Form eines konischen Stumpfes von 6 cm Höhe bei einem Durchmesser von 5 bis 6 cm und einem Gewicht von etwa 150 g. Der Teig ist von zarter Konsistenz. Mit zunehmender Reife wird er fester und bröckeliger. Seine feine Rinde weist oberflächlich weißen oder blauen Schimmel auf.

HERSTELLUNG: Der Chabichou du Poitou wird ausschließlich aus Ziegenmilch hergestellt. Sie wird mit Lab versetzt. Der Bruch wird zum Abtropfen auf ein Tuch gegeben und mit einer Kelle in die Formen geschöpft. Nach dem Ausformen und Salzen kommt der Ziegenkäse in einen Trockenraum und reift dort mindestens 10 Tage.

ANDERE CHABICHOU: Neben dem mit AOC-Siegel geschützten Chabichou du Poitou gibt es noch zahlreiche Varianten. Gemeinsam ist ihnen allen die zylindrische Form.

IN DER KÜCHE

AROMA:

Der Chabichou du Poitou hat einen leicht ziegigen, milden säuerlichen Geschmack. Mit zunehmender Reife wird der Geschmack kräftiger, aber nicht scharf. Er riecht leicht ziegig.

FETTGEHALT:

45 % Fett i. Tr.

VERWENDUNG:

Der Chabichou du Poitou wird im Ganzen gekauft. Er ist eine Bereicherung für jede Käseplatte.

EINKAUF/LAGERUNG:

Chabichou du Poitou ist eine Rarität, und die beste Einkaufszeit beginnt im späten Frühjahr und endet im Frühherbst. Andere Chabichous sind wesentlich öfter erhältlich. Er lässt sich am Stück gut verpackt für kurze Zeit im Gemüsefach des Kühlschranks aufbewahren.

WUSSTEN SIE ...

Der Legende nach stammt der Chabichou du Poitou aus dem 8. Jahrhundert und wurde von dem arabischen Volksstamm der Sarazenen eingeführt. »Chabi«, die Abkürzung für Chabichou, soll eine Verballhornung von »Chebli«, des arabischen Wortes für Ziege, sein.

Chaourley

Aussprache:
Scha-urs

Milch:

Herkunft:
Frankreich

Getränke-empfehlung:
Weißwein, z. B. Chablis, Champagner, oder auch ein roter Burgunder

TYP: Weichkäse mit Weißschimmel

HERKUNFT UND VERBREITUNG: Im Nordosten Frankreichs in der Champagne liegt die Wiege des berühmten Käses, der nach dem Dorf Chaource benannt wurde. Weitere Produktionsorte sind die Departements Aube und Yonne im Burgund, die nach AOC diesen herkunftsgeschützten Käse herstellen dürfen.

MERKMALE: Jung hat der Chaource einen festen, bröckeligen Kern, jedoch wird der Kern mit zunehmender Reife fester und geschmeidiger. Seine Rinde ist mit einem feinen, weißen Schimmelrasen bedeckt. Er ist in zwei Größen erhältlich: Als großer Chaource hat er einen Durchmesser von 11 cm, eine Höhe von 6 cm und wiegt etwa 450 g. Die schmalere Variante hat nur einen Durchmesser von 8 cm und bringt daher nur 200 g auf die Waage.

HERSTELLUNG: Durch Zugabe von Lab wird die Kuhmilch innerhalb von 24 Stunden geronnen. Der Bruch wird dann in runde durchlöcherte Formen gefüllt. Die Käsemasse hat keinen festen Boden unter den Füßen, daher kann die Molke langsam weiter abtropfen. Das Salzen und Trocknen erfolgt auf einem Strohbett, und nach mehr als 14 Tagen ist der Käse gereift.

In der Küche

Aroma:

Jung schmeckt Chaource leicht säuerlich, gereift hat er einen fruchtigen, leicht nussigen Geschmack.

Fettgehalt:

50 % Fett i. Tr.

Verwendung:

Der Chaource harmoniert besonders gut mit Trauben und kann zum Aperitif gereicht werden. Gebacken und zu einem frischen Blattsalat gereicht, ist er ebenfalls eine leckere Delikatesse. Sehr reifen Chaource kann man an Käseliebhaber zum Auslöffeln als Dessert servieren.

Wussten Sie ...

Schon im 14. Jahrhundert wurde dieser Käse in der Champagne hergestellt.

Einkauf/Lagerung:

Den Chaource bekommen Sie nur im Käsefachgeschäft. In bester Qualität erhalten Sie diesen Käse im Sommer und Herbst. Er sollte möglichst bald verzehrt werden und kann natürlich über Nacht im Gemüsefach der Kühlschranks liegen, dafür umhüllen Sie ihn mit Pergamentpapier und verschließen ihn in einer Plastikdose.

Cheddar

Aussprache:
Tschedda

Milch:

Land:
Großbritannien

Getränke-empfehlung:
Weißwein, z. B. Grauburgunder

Typ: Schnittkäse

Herkunft und Verbreitung: Der beliebteste britische Käse kommt aus der Grafschaft Somerset in Südwestengland. Seinen Namen hat er von der gleichnamigen Stadt Cheddar, welche in dieser Grafschaft liegt und wo vermutlich der Käse seinen Ursprung hat.

Merkmale: Die traditionelle Form des Käses ist ein um die 25 kg schwerer Zylinder mit einem Durchmesser von 40 cm und einer Kantenhöhe von ebenfalls 40 cm. Mittlerweile wird er aber auch in Blockform und als handliche Laibe von 2 kg hergestellt. Der Käseteig kann hellgelb bis orange sein und ist von fester Konsistenz. Seine Rinde ist dünn und je nach Reifezeit gelb bis braun.

Herstellung: Seit dem 16. Jahrhundert hergestellt, wird dieser Käse schon seit Mitte des 19. Jahrhunderts durch maschinellen Einsatz produziert. Er wird in der Regel aus Vollmilch von Kühen hergestellt und nach dem Dicklegen und Abfließen der Molke in handliche Stücke geschnitten. Diese Bruchstücke werden mehrmals um und aufeinander geschichtet, damit die restliche Molke besser abfließen kann. Dieses Umschichten nennt man »Cheddaring« und sorgt für die besondere

Konsistenz des Teiges. Ausgezeichneter Cheddar lagert 9 Monate bis zu 2 Jahre. Jedoch kann er schon nach 3 Monaten Reifezeit verkauft werden, und dieser Cheddar-Typ ist am häufigsten anzutreffen.

HISTORISCHES: Ursprünglich war Cheddar ein Bauernkäse. Je nachdem wie reich der Bauer war, konnte er es sich leisten, den Cheddar aus Vollmilch oder entrahmter Milch herzustellen. Der magere Käse hatte eine wesentlich hellere Farbe und wurde zuerst mit etwas Safran, später mit Annatto, dem Farbstoff aus dem Samen des Orleansstrauches, gefärbt, um den fetteren Käse zu imitieren.

VARIANTEN VOM CHEDDAR: *Farmhouse Cheddar (Aussprache: Farmhaus Tschedda)* Dieser Käse wird traditionell in kleinen Mengen hergestellt und reift mindestens 14 Monate und wird auch gerne als den »King of Cheddar« bezeichnet.

Sage Derby (Aussprache: Säidsch Darbie) Diesem Cheddar werden während der Phase des Cheddaring gemahlene Salbeiblätter hinzugefügt. Dadurch erhält der Käse eine grüne Maserung und einen kräftigen, würzigen Geschmack.

Cheddar mit Aromen Neben dem traditionellen Sage Derby gibt es seit einigen Jahren Cheddars, die mit Bier, Whisky, Portwein oder Chili aromatisiert wurden. Das Aroma des Zusatzes lässt sich meist sehr gut hervorschmecken und wird je nach Geschmack als angenehm oder störend empfunden.

Five Counties Dieser Käse wird zwar als etwa 1 kg schwerer Laib im Handel angeboten, aber genau genommen handelt es sich um eine Mischung von fünf englischen Käsesorten. Nach der Reifephase werden sie geschichtet und bilden einen Käse mit fünf Streifen, nämlich von oben nach unten: Cheddar (hellgelb), Leicester (starkgelb), Cheshire (weiß), Double Glouchester (goldgelb) und Derby (normalgelb).

SCHON PROBIERT?

KÄSESOUFFLÉ: **125 g geriebenen Cheddar und 4 Eigelbe in eine abgekühlte Béchamelsauce geben, 4 steif geschlagene Eiweiße unterziehen und in eine Souffléform geben. Im Ofen bei 200° C etwa 25 Minuten aufgehen lassen. Sofort servieren. Dazu passt ein weißer Côtes du Rhône.**

IN DER KÜCHE

AROMA:
Cheddar hat einen aromatischen, pikanten, leicht nussigen Geschmack, je nach Reifegrad mild bis kräftig.

FETTGEHALT:
50 % Fett i. Tr.

VERWENDUNG:
Cheddar ist sehr vielseitig: er wird im englischen Stil zusammen mit ein paar Kräckern und Selleriestangen gegessen, aber auch zu Obst passt er gut. Zudem eignet er sich als Belag für englische Sandwiches. Zum Überbacken und für Aufläufe wird er ebenfalls gerne verwendet.

> **WUSSTEN SIE ...**
>
> **In England reicht man zum alten Cheddar gerne Rotwein oder ein Gläschen Likör.**

EINKAUF/LAGERUNG:
Cheddar finden Sie an jeder Käsetheke, aber um traditionell englischen Cheddar zu kaufen, müssen Sie ein Käsefachgeschäft aufsuchen. Am besten lagert er alleine oder mit Käsesorten gleichen Typs mit Pergamentpapier umhüllt in einer Plastikdose im Gemüsefach eines Kühlschranks. Er ist sehr lange haltbar.

Cheshire

Aussprache:
Scheschar

Milch:

Land:
Großbritannien

Getränke-empfehlung:
Weißwein, z. B. Riesling

TYP: Schnittkäse

HERKUNFT UND VERBREITUNG: Der vermutlich älteste Käse Englands, der sogar keltische Wurzeln aufweist, kommt aus der Grafschaft Westchester, die an die walisische Grenze stößt. Der Käse wird auch Chester genannt.

MERKMALE: Die traditionelle Form des Käses ist rund. Er wiegt etwa 22 kg und hat einen Durchmesser von 30 cm und eine Kantenhöhe von 35 cm. Mittlerweile wird er aber auch in Block- oder Radform hergestellt. Der Käseteig ist von krümeliger Struktur und von fast weißer Farbe. Seine Rinde ist gelbbraun.

HERSTELLUNG: Der Cheshire wird aus der Milch von Kühen hergestellt, die auf leicht salzhaltigen Wiesen weiden. Traditionell wurde der gepresste Käsebruch in Tuch gewickelt und reifte mindestens 3 bis 6 Monate.

VARIANTE VOM CHESHIRE: *Shropshire blue (Aussprache: Shropschar blu)* Es handelt sich um einen mit Annatto gefärbten Cheshire, dem der Schimmelpilz vom Stilton hinzugefügt wurde. Sein Teig ist blau gesprenkelt, und er ist besonders kräftig im Aroma.

IN DER KÜCHE

AROMA:

Cheshire hat einen pikanten, leicht salzig-würzigen Geschmack.

FETTGEHALT:

50 % Fett i. Tr.

VERWENDUNG:

Früher war es üblich, Cheshire zusammen mit Früchtekuchen zu servieren. Wer es nicht ganz so britisch mag, kann ihn zusammen mit Birnen- oder Apfelspalten servieren. Er passt gut zum Toast und eignet sich auch hervorragend zum Kochen. Ein luftiges Schaumomelette wird gerne mit etwas Cheshire verfeinert.

EINKAUF/LAGERUNG:

Cheshire oder Chester finden Sie auch bei uns oft an der Käsetheke, jedoch wird in Deutschland zwischen Cheshire/Chester und Cheddar nicht richtig unterschieden. Es ist unwahrscheinlich, dass Sie das Original erworben haben. Im Käsefachgeschäft verkauft man Ihnen den echten englischen Cheshire. Am besten lagert er alleine oder mit Käsesorten gleichen Typs mit Pergamentpapier umhüllt in einer Plastikdose im Gemüsefach eines Kühlschranks.

Chevrotin

Aussprache:
Schäwrotäng

Milch:

Herkunft:
Frankreich

Getränke-empfehlung:
Rotwein aus dem Savoyen, z. B. Abymes

TYP: halbfester Schnittkäse

HERKUNFT UND VERBREITUNG: Der Ursprung des Chevrotin liegt in Savoyen, der Rhônes-Alpes-Region. Seit Mai 2002 trägt er neben seinem Familienwappen, welches in die Rinde eingeprägt wird, auch das AOC-Siegel.

MERKMALE: Chevrotin hat eine rötlich-braune Rinde und einen geschmeidigen, weißgelben Teig. Der Käse hat eine flache, zylindrische Form mit einem Durchmesser von 9 bis 12 cm und einer Höhe von 3 bis 4,5 cm. Er wiegt zwischen 250 und 350 g.

HERSTELLUNG: Nur die Rohmilch von Ziegen, die im Sommer auf den kräuterreichen und steilen Berghängen der Savoie weiden und im Winter mit Heu gefüttert werden, darf für den Chevrotin verwendet werden. Die Herstellung des Käses erfolgt noch in allen Stufen der Produktion in Handarbeit. Der Chevrotin reift mindestens 3 Wochen auf Fichtenholz, wo er dreimal wöchentlich gewendet und mit Salzlake abgewaschen wird.

HISTORISCHES: Der Chevrotin ist seit dem 17. Jahrhundert bekannt. Übersetzt heißt der Käse »Kleine Ziege«. Fachleute bezeichnen ihn auch als kleinen Bruder des Reblochon.

IN DER KÜCHE

AROMA:
Der Chevrotin hat einen vollmundigen Geschmack mit einer aromatischen Säure kombiniert, die an Wildkräuter erinnert.

FETTGEHALT:
45 % Fett i. Tr.

VERWENDUNG:
Er ist ideal fürs Frühstückbrötchen, verträgt sich aber auch gut mit anderen Käse auf einer Käseplatte nach einem Menü.

EINKAUF/LAGERUNG:
Mit etwas Glück finden Sie den Chevrotin im Käsefachgeschäft. Er lässt sich kurze Zeit am Stück in Pergament eingewickelt und in einer Plastikdose verschlossen im Gemüsefach des Kühlschranks aufbewahren.

Comté

Aussprache:
Komteh

Milch:

Herkunft:
Frankreich

Getränke-empfehlung:
leichte Rot- und trockene Weiß-weine von den Côtes du Jura

TYP: Hartkäse

HERKUNFT UND VERBREITUNG: Der Bergkäse Comté hat seine Heimat im französischen Jura. Die Region zeichnet sich durch saftige, grüne Almen und Weiden aus, auf denen die Kuhrassen Montbéliard und Pie-Rouge weiden. Nur von diesen beiden Rassen wird die Milch für die Herstellung des Comté verwendet.

MERKMALE: Der Teig des Comté ist kompakt und geschmeidig. Die körnige Oberfläche des Käses kann goldgelb oder braun sein. Der Käse hat einen 9 bis 13 cm hohen Rand, der leicht gewölbt ist. Der Bergkäse wiegt zwischen 30 und 55 kg. Jeder Käse wird vor dem Verkauf von der Appellation Comté geprüft und erhält nach bestandener Begutachtung eine grüne Glocke am Rand des Käses oder auf der Verpackung.

HERSTELLUNG: Der Comté wird aus teilentrahmter Rohmilch hergestellt. Innerhalb von 24 Stunden muss die Milch verarbeitet werden. Der Käsebruch wird klein geschnitten und bei 54° C etwa 45 Minuten lang unter Rühren erhitzt und dann 20 Stunden gepresst. Danach wird der Käse zu Laiben geformt, gesalzen, abgerieben und regelmäßig gewendet. Nach mehr als 3 Monaten Reifung kommt der Käse in den Verkauf.

IN DER KÜCHE

AROMA:
Comté ist sehr aromatisch. Der aus Sommermilch hergestellte Comté hat stärker fruchtige Nuancen, während der hellere aus Wintermilch hergestellte Comté sich eher durch eine nussige Note auszeichnet.

WUSSTEN SIE ...

Seit über 1000 Jahren schon wird in der Region Comté Käse hergestellt. Der Käse war für die Landbevölkerung ein sicheres Nahrungsmittel für den langen und sehr schneereichen Winter.

FETTGEHALT:
45 % Fett i. Tr.

VERWENDUNG:
Etwas außergewöhnlich, aber dieser Käse passt besonders gut zu Fisch und Meeresfrüchten. Comté wird sowohl zum Aperitif wie auch zum Abschluss eines Menüs gereicht.

EINKAUF/LAGERUNG:
Den Comté bekommen Sie mittlerweile auch in einer gut sortierten Käsetheke von Supermärkten und im Käsefachgeschäft. Im Gemüsefach der Kühlschranks sollten Sie ihn am Stück lagern und mit Pergamentpapier und gelochter Alufolie umhüllen.

Crottin de Chavignol

Aussprache:
Krottäng dö Schawinjoll

Milch:

Herkunft:
Frankreich

Getränke-empfehlung:
Weißwein, z. B. Sancerre oder Pouilly-Fumé

Typ: Weichkäse

Herkunft und Verbreitung: Die Heimat des Crottin de Chavignol liegt südlich der mittleren Loire, in den Departements Cher, Loiret und Nièvre.

Merkmale: Der Crottin de Chavignol ist ein kleiner, runder, flacher Käse mit leicht gewölbten Rändern. Sein weißer, kompakter Teig ist von einer feinen, natürlichen Schimmelrinde umgeben. Der Käselaib wiegt um die 60 g und wird unverpackt zum Verkauf angeboten.

Herstellung: Crottin de Chavignol wird aus Ziegenmilch unter Zugabe einer kleinen Menge von Lab hergestellt. Der Bruch wird auf einem Leinentuch abgetropft und mit einer Kelle in speziellen Formen mit kleinen Löchern, die auch »Faisselles« genannt werden, gegeben. Nach dem Ausformen und Salzen wird der Käse unter häufigem Wenden getrocknet. Die Reife dauert mindestens 10 Tage.

Historisches: Es ist belegt, dass die Bauern um Sancerre seit dem 16. Jahrhundert Ziegen hielten und aus der Milch Käse gewannen. Damals war der Käse ihre Haupteinnahmequelle.

IN DER KÜCHE

AROMA:
Der Crottin de Chavignol hat einen typischen Ziegengeschmack, der im Frühjahr milder und zum Herbst hin ausgeprägter ist. Er riecht leicht ziegig.

FETTGEHALT:
45 % Fett i. Tr.

VERWENDUNG:
Der Crottin de Chavignol wird im Ganzen gekauft. Er lässt sich in Wein und Kräutern oder auch in Öl und Kräutern einlegen. Auch im Ganzen gegrillt findet er großen Anklang.

EINKAUF/LAGERUNG:
Crottin de Chavignol finden Sie im Käsefachgeschäft. Er lässt sich am Stück gut verpackt nicht allzu lange im Gemüsefach des Kühlschranks aufbewahren.

WUSSTEN SIE ...

Erst 1829 erhielt der Ziegenkäse seinen heutigen Namen. Das Wort »Crottin« ist eine Bezeichnung für kleine, aus Ton gebrannte Öllampen, die die gleiche Form haben. Ebenfalls bedeutet das Wort auch »Pferdeapfel«. Die Form des Käses lässt vermuten, warum er diesen Namen bekommen hat.

Edamer

Milch:

Herkunft:
Niederlande

Getränke-
empfehlung:
Bier, z. B. Pils
oder Export

TYP: Schnittkäse

HERKUNFT UND VERBREITUNG: Edamer hat seinen Namen von dem kleinen Hafenstädtchen Edam am IJsselmeer, nördlich von Amsterdam gelegen, erhalten. Ursprünglich wurde der Käse im Norden der Provinz Holland hergestellt, heute wird er nicht nur in den gesamten Niederlanden, sondern auch in Deutschland und anderen mittel- und nordeuropäischen Ländern produziert.

MERKMALE: Der Käse hat die Form einer Kugel mit einem Durchmesser von 13 cm und wiegt etwa 1,5 kg. Der Teig ist goldgelb, weist vereinzelt kleine Löcher auf und ist von fester Konsistenz. Traditionell wird er mit einer roten Paraffinschicht umhüllt, diese schützt ihn vor dem Austrocknen.

HERSTELLUNG: In der Regel wird Edamer heute aus pasteurisierter, teilentrahmter Kuhmilch hergestellt. Nachdem die Molke von der dickgelegten Milch abgeflossen ist, der Käse geformt, gepresst und gesalzen worden ist, reift er mindestens 1 Monat.

IN DER KÜCHE

AROMA:
Edamer ist mild bis leicht pikant und hat einen feinen Salzgeschmack.

FETTGEHALT:
40 % Fett i. Tr.

VERWENDUNG:
Edamer ist ein typischer Frühstückskäse. Er passt sowohl zum Toast als auch zum Schwarzbrot. Mit Tomate, Gurke oder Paprika harmoniert er ausgezeichnet. Aufgrund seines niedrigen Fettgehaltes ist er zum Schmelzen weniger geeignet.

ANDERE SORTEN

Deutscher Edamer: **Er wird nach dem holländischen Vorbild hergestellt. Jedoch wird er häufig in Blockform von 5 kg Gewicht ausgeformt, und seine gesetzlich vorgeschriebene Mindestreifezeit beträgt 5 Wochen.**

EINKAUF/LAGERUNG:
Edamer finden Sie im Supermarkt in Folie abgepackt. Er fehlt sicherlich auch in keiner Käsetheke. Bevorzugt sollten Sie ihn am Stück kaufen oder frisch in Scheiben schneiden lassen. So trocknet er nicht so schnell aus. Zuhause sollte er im Kühlschrank gelagert werden. Am besten lagert er alleine oder mit Käsesorten gleichen Typs mit Pergamentpapier umhüllt in einer Plastikdose.

Emmentaler

Milch:

Land:
Schweiz

Getränke-empfehlung:
Rotwein, z. B. Spätburgunder

TYP: Hartkäse

HERKUNFT UND VERBREITUNG: Die Heimat dieses Käses ist das Tal der Emme im Kanton Bern. Der Käse wird verstärkt im Emmental, aber auch in der ganzen deutschsprachigen Schweiz produziert.

MERKMALE: Die runden, leicht gewölbten Laibe haben eine Höhe von 17 bis 25 cm und einen Durchmesser von 75 bis 95 cm. Sie bringen stolze 70 bis 120 kg auf die Waage. Berühmt ist der Emmentaler wegen seiner kirsch- bis nussgroßen Löcher. Sein Teig ist fein und geschmeidig sowie von hellgelber Farbe. Seine Rinde ist fest, trocken und gelb-braun.

HERSTELLUNG: Der Emmentaler wird aus Rohmilch von Kühen, die mit Gras und Heu, aber ohne Silo gefüttert werden, hergestellt. Die Rohmilch wird in Kupferkesseln erwärmt und mit Lab versetzt. Der Bruch wird zerkleinert und unter Rühren ein weiteres Mal erwärmt. Danach wird die Käsemasse in Formen gegeben und gepresst. Nachdem der Käse geformt ist, wird er gesalzen. Der Käse reift mindestens 120 Tage.

HISTORISCHES: Der Käse wurde erstmals 1542 erwähnt. Er diente als Entschädigung für die Opfer nach einer Brandkatastrophe.

ANDERE SORTEN: Genauso wie sein Vorbild, der Schweizer Emmentaler, muss der *Allgäuer Emmentaler* 3 Monate reifen und wird aus Rohmilch hergestellt. Daneben wird aber auch in Deutschland ein Emmentaler aus pasteurisierter Milch hergestellt, dessen Reifezeit auf 2 Monate verkürzt ist. Dieser Käse nennt sich dann »Emmentaler aus ...« und sollte nicht mit dem aufwändiger hergestellten Emmentaler verwechselt werden.

Emmentaler »höhlengereift« Er reift bis zu 18 Monate und hat ein wesentlich ausgeprägteres nussiges Aroma.

Spargelgratin

ZUTATEN: 1 kg grüner Spargel • 1 TL Butter • Salz • 1 Prise Zucker • 1 unbehandelte Zitrone • 60 g Butter • 1 Bund glatte Petersilie • Salz und Pfeffer • 500 Champignons • 1 rote Paprika • 150 g gekochter Schinken • 150 g Emmentaler

ZUBEREITUNG: Den Spargel (möglichst dicke Stangen) waschen, holzige Enden abschneiden. In einem großen Topf 1 l Wasser mit Salz, Zucker, Butter und zwei Zitronenscheiben zum Kochen bringen. Spargel 8–10 Minuten bissfest garen. Backofen auf 200° C vorheizen. Spargel gut abtropfen, in 60 g heißer Butter schwenken, mit Salz, Pfeffer und Petersilie würzen. 500 g blättrig geschnittene Champignons in Butter andünsten, die gewürfelte Paprika zugeben und mitdünsten. Den Schinken würfeln. Spargel, Pilze und Paprika in eine gebutterte Auflaufform schichten. Den Emmentaler darüber reiben und 15–20 Minuten bei 180° C gratinieren.

IN DER KÜCHE

AROMA:
Der Emmentaler hat einen milden, leicht nussigen Geschmack, er schmeckt kaum salzig.

FETTGEHALT:
45 % Fett i. Tr.

VERWENDUNG:
Emmentaler wird sowohl in der kalten als auch in der warmen Küche verwendet. Aufgrund seiner hervorragenden Schmelzeigenschaften wird er gerne zum Überbacken von Gemüse- oder Kartoffelgerichten verwendet. Mit ihm lässt sich pikantes Gebäck verfeinern. Auch als Käsewürfel oder auf Canapés wird der Emmentaler gerne verwendet.

EINKAUF/LAGERUNG:
Emmentaler finden Sie an jeder größeren Käsetheke. Jedoch müssen Sie der Verkäuferin schon genau sagen, welchen Emmentaler Sie wünschen. Zuhause sollte er im Kühlschrank am Stück alleine oder mit Käsesorten gleichen Typs, einzeln mit Pergamentpapier und gelöcherter Alufolie umhüllt, gelagert werden.

Epoisses de Bourgogne

Aussprache:
Epoass dö Buhrgonje

Milch:
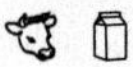

Herkunft:
Frankreich

Getränkeempfehlung:
Weißwein, z. B. Grauburgunder, aber auch Süßweine oder Marc de Bourgogne

Typ: Weichkäse mit gewaschener Rinde

Herkunft und Verbreitung: Die Heimat des Epoisses liegt im Burgund und zwar in den Departements Côte d'Or, Yonne und Haute-Marne.

Merkmale: Die orangerote Oberfläche ist auf das Wachstum der Rotkultur zurückzuführen. Der Teig ist hellbeige, geschmeidig und weich. Den Epoisses finden Sie in zwei unterschiedlichen Größen: Zylinder von 9,5 bis 11,5 cm Durchmesser, 3 bis 4,5 cm Höhe und einem Gewicht von 250 bis 350 g, oder einem Durchmesser von 16,5 bis 19 cm, bei gleicher Höhe und einem Gewicht von 700 g bis 1 kg.

Herstellung: Der Epoisses wird aus Kuhmilch hergestellt. Die Milch wird mithilfe von Milchsäurebakterien geronnen. Der empfindliche Käsebruch muss mit großer Sorgfalt geformt werden, da er schnell zerfällt. Die Reifung dauert mindestens 4 Wochen. In dieser Zeit wird er ein- bis dreimal die Woche mit gesalzenem Wasser und dem Marc de Bourgogne, einem Tresterbrand aus dem Burgund, gewaschen. Die Konzentration des Tresterbrands wird im Laufe der Reifezeit erhöht.

In der Küche

Aroma:
Epoisses hat einen kräftigen und intensiven Geschmack. Den Marc den Bourgogne kann man als feines alkoholisches Aroma wahrnehmen.

Fettgehalt:
50 % Fett i. Tr.

Verwendung:
Der Epoisses eignet sich vor allem als letzter Gang eines Menüs. Um den außergewöhnlichen Geschmack unverfremdet zu genießen, isst man dazu am besten ein frisches Baguette. Für die warme Küche ist der Käse eher ungeeignet.

Einkauf/Lagerung:
Epoisses finden Sie im Käsefachgeschäft. Wenn Sie ihn einmal aufgeschnitten haben, sollten Sie ihn möglichst ganz verzehren. Er lässt sich aufgrund seines dominanten Geruches auch nur schwer im Kühlschrank lagern. Sie sollten ihn dann mit Pergamentpapier umhüllen und in einer sehr gut verschließbaren Dose aufbewahren.

Wussten Sie ...

Der Legende nach wurde der Epoisses zu Beginn des 16. Jahrhunderts von den Zisterzienser-Mönchen erfunden. Wahrscheinlich waren es aber die Bäuerinnen, die das altbekannte Herstellungsverfahren verbesserten und von der Mutter an die Tochter weitergaben. Abtropfsteine, nach Nordosten ausgerichtete Trockenräume und Reifekeller, die sich in allen Bauernhäusern aus der Zeit vor dem 19. Jahrhundert rund um Epoisses finden, belegen diese Theorie.

Esrom

Milch:

Herkunft:
Dänemark

Getränke-
empfehlung:
Bier, z. B.
Altbier

TYP: Schnittkäse

HERKUNFT UND VERBREITUNG: Der Esrom hat seinen Ursprung auf der dänischen Insel Seeland. Dort wurde er lange Zeit als Klosterkäse produziert und geriet in Vergessenheit. In den 1930er Jahren wurde der Käse wiederentdeckt und in seinem Herstellungsverfahren optimiert. Heute wird er in ganz Dänemark hergestellt und trägt laut EU-Verordnung einen Ursprungsschutz.

MERKMALE: Der Esrom hat einen rechteckigen, flachen Laib, der zwischen 200 g und 2 kg wiegt. Der Teig ist gelblich, sehr weich und zeigt unregelmäßige, kleine Löcher auf. Er hat eine dünne, strohgelbe Rinde und ist meist mit Folie umhüllt.

HERSTELLUNG: Der Esrom wird aus pasteurisierter Kuhmilch hergestellt. Diese wird unter Zugabe von Lab geronnen, zerkleinert, in Formen geschüttet und leicht gepresst. Nach dem Salzen reift der Käse mindestens 4 Wochen.

In der Küche

Aroma:

Jung schmeckt Esrom würzig mild. Von Käseliebhabern wird jedoch die gereiftere, aromatische, kräftig pikante Variante bevorzugt.

Fettgehalt:

45 % Fett i. Tr.

Verwendung:

In seiner Heimat wird Esrom hauptsächlich zum Brot mit ein paar Radieschen und Gurken gegessen. Er eignet sich auch als kräftiger Käse auf einer Käseplatte.

Einkauf/Lagerung:

Esrom finden Sie abgepackt im Discounter, im Supermarkt und an der Käsetheke sowie im Käsefachgeschäft. Er lässt sich am Stück, in Pergamentpapier und einer luftdichten Dose verpackt, im Gemüsefach des Kühlschranks aufbewahren.

Feta

Milch:

Land:
Griechenland

Getränke-
empfehlung:
Weißwein, z. B.
Roditis

TYP: Weichkäse

HERKUNFT UND VERBREITUNG: Feta wird schon seit der Antike in Griechenland hergestellt und seine Produktion hat sich über den ganzen Balkan verbreitet. Seit Ende 2002 ist Feta ein herkunftsgeschützter Käse, der nach einer Übergangsfrist von 5 Jahren nur noch in Griechenland hergestellt werden darf. Der meiste in Deutschland verzehrte Feta stammt aus Dänemark und Deutschland. Als Milch muss nach der neuen EU-Verordnung Schaf- und Ziegemilch verwendet werden, heute ist Kuhmilch noch das meist verwendete Grundprodukt.

MERKMALE: Der Name des Fetas verrät schon, wenn man Griechisch verstehen könnte, dass es sich um eine »Scheibe« handelt. Der Feta hat keine Rinde und ist von fester Konsistenz. Seine Farbe ist weiß, und er wird in Salzlake oder Molke gelagert.

HERSTELLUNG: Für den herkunftsgeschützten Feta gilt, dass er in der Regel aus Schafmilch hergestellt wird. Ihm kann Ziegenmilch, aber keine Kuhmilch mehr zugesetzt werden. Die Schafsmilch wird mit Lab versetzt, der Käsebruch wird in perforierte Formen aus Holz oder Blech gegeben. Nachdem der Käseteig 24 Stunden gepresst wurde und die Molke abgeflossen ist, wird der Teig in brotförmige Stücke geschnitten und in

Stahltanks, die mit Salzlake gefüllt sind, gelegt. Danach wird er mit etwas Salzlake zusammen luftdicht verschlossen abgepackt und kommt so in den Verkauf.

HISTORISCHES: Bis weit ins 19. Jahrhundert haben die Bauern und Hirten in der Mani, auf den Peloponnes, die Milch in Behältnisse gegossen, in denen noch am Vortag Feta gemacht wurde. Durch die Restmenge an Käse waren genug Bakterien und Lab da, um die Milch dick zu legen. Alternativ wurde der Saft eines frisch geschnittenen Feigenbaumzweiges oder Distelblüten in die Milch eingetaucht. Danach wurde der Käsebruch ebenfalls gepresst, und die Käsescheiben wurden in Holzfässer mit Salzlake gefüllt. Je weiter der Käse transportiert werden und haltbar bleiben musste, umso mehr Salz wurde hinzugegeben.

Feta-Tomaten-Omelett

ZUTATEN: 3 Tomaten • 30 g Butter • 5 Eier • Kräutersalz • Pfeffer • Basilikumblätter • 100 g Feta

ZUBEREITUNG: Tomaten häuten, vierteln und entkernen, dann würfeln. In etwas heißer Butter etwa 5 Minuten dünsten. Eier mit Salz und Pfeffer verquirlen, in einer Pfanne in Butter zwei Omeletts backen. Auf Teller geben, die Tomaten und den gewürfelten Käse darauf verteilen, Omelett halb zuklappen und mit Basilikum garnieren.

Hirtensalat

ZUTATEN: 1 kleiner Eisbergsalat • 1 Gurke • 5 Tomaten • 1 rote Paprika • 1 Zwiebel • 2 EL Olivenöl • Saft von 1 Zitrone • Salz und Pfeffer • Feta • schwarze Oliven

ZUBEREITUNG: Das Gemüse putzen und in mundgerechte Stücke schneiden. Alles miteinander mischen. Aus Öl und Zitronensaft mit Salz und Pfeffer eine Vinaigrette rühren, über den Salat gießen, nach Belieben schwarze Oliven und gewürfelten Schafskäse darüber streuen. Mit Landbrot servieren.

IN DER KÜCHE

AROMA:
Feta hat einen salzigen, leicht säuerlichen Geschmack. Oft riecht er leicht nach gesäuerter Milch.

FETTGEHALT:
45 % Fett i. Tr.

VERWENDUNG:
Feta ist der beliebteste Käse in der griechischen und türkischen Urlaubsküche. Er ist ein Muss am griechischen Bauernsalat, mit ihm werden Tomaten gefüllt, er wird paniert und frittiert gegessen und ist Bestandteil vieler griechischer pikanter Kuchen.

EINKAUF/LAGERUNG:

Feta finden Sie im Kühlregal eines jeden Supermarktes. Lose können Sie ihn in jedem türkischen Laden kaufen. Einmal geöffnet sollte der Feta nicht länger als 1 bis 2 Tage im Kühlschrank in einem Gefäß oder Gefrierbeutel verpackt gelagert werden.

Fontina

Milch:
🐄 🍼

Herkunft:
Italien

Getränke-empfehlung:
Rotwein, z. B. Barbaresco

TYP: halbfester Schnittkäse

HERKUNFT UND VERBREITUNG: Der Fontina stammt aus dem Aostatal. Es liegt im Nordwesten von Italien und grenzt an die Schweizer und französischen Alpen.

MERKMALE: Fontina ist ein flacher, runder Käse mit leicht konkavem Rand. Seine Höhe beträgt 7 bis 10 cm, sein Durchmesser 30 bis 45 cm und sein Gewicht schwankt zwischen 8 und 18 kg. Seine feste, dünne Rinde ist nur 2 mm dick. Der Käseteig ist elastisch, eher weich mit geringer Lochung und von leicht strohgelber Farbe.

HERSTELLUNG: Der Fontina wird aus der Kuhmilch von nur einer Melkung durch Gärung aufgrund des natürlichen Säuregrades produziert. Der Rohmilchkäse wird trocken gesalzen. Die Käselaibe reifen etwa 3 Monate in Räumen mit einer Temperatur von 6° bis 10° C und einer Luftfeuchtigkeit von 90 %.

VARIANTE: *Fontal* Dieser Käse wird ähnlich wie der Fontina hergestellt, sein Herstellungsgebiet erstreckt sich über die italienische Grenze nach Frankreich hinüber. Im Geschmack ist er meist weniger aromatisch als das Original.

IN DER KÜCHE

AROMA:

Der Fontina ist ein milder aromatischer Käse mit einem leichten Schmelz.

FETTGEHALT:

45 % Fett i. Tr.

VERWENDUNG:

In seiner Heimat wird der Fontina gerne aufs Brot als Zwischenmahlzeit gegessen. Fonduta ist die piemontesische Variante des Schweizer Käsefondues, und dafür wird der Fontina geschmolzen. Aufgrund seines zarten Schmelzes lassen sich damit viele Gerichte überbacken.

EINKAUF/LAGERUNG:

Fontina erhalten Sie im Käsefachgeschäft oder im italienischen Spezialitätenladen. Er lässt sich am Stück gut verpackt im Gemüsefach des Kühlschranks aufbewahren.

Fourme d'Ambert

Aussprache:
Fuhrm dambähr

Milch:

Herkunft:
Frankreich

Getränke-empfehlung:
Rotwein, z. B. Côtes du Rhône, oder ein Riesling mit Edelfäulenote aus dem Elsass

TYP: Schnittkäse mit Innenschimmel

HERKUNFT UND VERBREITUNG: Die Heimat des Fourme d'Ambert liegt in Zentralfrankreich, der Auvergne. Die Produktion ist auf die Departements Loire, Puy-de-Dôme und fünf Kantone des Cantal in der Umgebung von Saint-Flour begrenzt.

MERKMALE: Er lässt sich auf den ersten Blick von anderen Käsesorten unterscheiden, denn er ist höher als breiter. Die zylindrische Form hat einen Durchmesser von 13 cm und die Höhe des Käses beträgt etwa 20 cm. Die Oberfläche ist ockerfarben und leicht rötlich. Der Teig ist fast grau und mit starken blauen Adern durchzogen. Der Fourme d'Ambert ist etwa 2 kg schwer.

HERSTELLUNG: Die Kuhmilch wird erwärmt und mit Lab versetzt. Der Bruch wird geschnitten und gerührt, per Hand in die Formen gefüllt, mit Blauschimmelkultur geimpft und gesalzen. Danach lässt man die Molke abtropfen, und unter häufigem Wenden trocknet der Käse. Damit sich der Edelpilz im Inneren des Käses entwickeln kann, werden in den Laib Luftkanäle gestochen. Die Reifezeit beträgt mindestens 28 Tage.

HISTORISCHES: Das Wort »Fourme« leitet sich vom lateinischen »forma« – Form – ab. Als Regel lässt sich merken, dass alle französischen Fourme-Käse ihren Ursprung in der Auvergne haben. Vermutlich wurde der Fourme d'Ambert schon von den Arvernern vor der Eroberung durch Julius Cäsar hergestellt. Belege über diesen Käse gehen bis ins 8. Jahrhundert zurück. Früher wurde der Fourme in sogenannten »Jasseries«, Mischbetrieben aus Molkerei und Bauernhof, produziert.

ANDERE FOURME MIT AOC-SIEGEL: *Fourme de Montbrison (Aussprache: Fuhrm dö Mongbrisong)* Seit 2002 hat der Fourme de Montbrison sein eigenes AOC-Siegel. Er ist im Gegensatz zu seinem nahen Verwandten nur leicht mit Edelpilzadern durchzogen und hat eine rötliche Rinde. Sein Aroma ist sehr mild mit leichten Nuss- und Pilzaromen. Der ideale Einsteiger-Käse für Konsumenten, die das Schmecken von Blauschimmelkäse langsam steigern wollen.

Feldsalat mit frischen Feigen

Zutaten: 200 g Feldsalat • 250 g frische Feigen • 200 g Fourme d'Ambert • 2–3 EL Sherryessig • 4 EL Traubenkernöl • etwas Zucker • Salz • schwarzer Pfeffer aus der Mühle

Zubereitung: Den Feldsalat putzen, waschen und abtropfen lassen. Die Feigen waschen, trockentupfen und achteln. Den Fourme d'Ambert würfeln. Feldsalat, Feigen und den Blauschimmelkäse auf 4 Tellern anrichten. Aus dem Sherryessig, dem Traubenkernöl, dem Zucker, Salz und Pfeffer eine Marinade rühren und damit den Salat beträufeln.

In der Küche

Aroma:

Fourme d'Ambert hat einen pilzartigen und nussigen Geschmack. Im Vergleich zu anderen Edelpilzkäse ist er aber eher mild.

Fettgehalt:

50 % Fett i. Tr.

Verwendung:

Der Fourme eignet sich für Salate und Soufflés und als Füllung in Crêpes. Durch seinen milden Geschmack ist er ideal für Gerichte, wo der nussige und pilzige Geschmack des Edelpilzkäses dezent im Hintergrund bleiben soll.

Einkauf/Lagerung:

Fourme d'Ambert und Fourme de Montbrison finden Sie im Käsefachgeschäft. Sie können ihn am Stück in Pergamentpapier eingewickelt in einer verschließbaren Dose im Gemüsefach des Kühlschranks einige Tage lagern.

Gjetost

Aussprache:
Jäit-ust

Milch:

Herkunft:
Norwegen

Getränke-empfehlung:
Aquavit

TYP: Schnittkäse

HERKUNFT UND VERBREITUNG: Der Gjetost zählt zu den norwegischen Nationalprodukten und wird dort auch »Braunkäse« genannt; er darf auf keinem traditionellen norwegischen Frühstücksteller fehlen. Bei uns wird er unter dem Namen Norgold angeboten.

MERKMALE: Der Gjetost ist ein rechteckiger Käse ohne Rinde, von karamellbrauner Farbe und cremig-fester Konsistenz. Sein Gewicht schwankt zwischen 250 g und 1 kg. Vor dem Verkauf wird er in Folie abgepackt.

HERSTELLUNG: Der Gjetost wird traditionell und zum überwiegenden Teil aus Molke hergestellt. Ursprünglich überwog die Verwendung von Ziegenmolke, heute wird der Käse in der Regel aus Kuhmolke hergestellt und diese wird zu einem geringeren Teil um Ziegenmolke ergänzt. Die Molke wird langsam eingekocht, dabei verdunsten drei Viertel des Wassers, der Milchzucker karamellisiert und das Milcheiweiß gerinnt. Dem Käsebruch kann Milch oder Sahne hinzugefügt werden, so werden der Fettgehalt und die Geschmeidigkeit des Teiges eingestellt. Die braune Paste wird gesalzen und in Blöcke gepresst. Der Käse muss nicht reifen, sondern wird sofort abgepackt.

IN DER KÜCHE

AROMA:
Gjetost schmeckt karamellartig und süß sowie gleichzeitig leicht salzig nach Käse.

FETTGEHALT:
35 % Fett i. Tr.

VERWENDUNG:
Er wird zusammen mit Marmelade gerne zum Frühstück oder auch zum Dessert mit Früchtekuchen oder Obst verzehrt.

WUSSTEN SIE ...

Norwegen war schon im 9. und 10. Jahrhundert bekannt für seinen Butterexport. Beim Butterungsprozess fällt viel Molke an. Um dieses Nebenprodukt ideal zu nutzen, war das Dicklegen der Molke zu Käse eine geniale Erfindung. In vielen reicheren Ländern wurde die Molke vor allem ans Vieh verfüttert, dies konnten sich die Norweger mit den langen, harten Wintern und der kurzen ergiebigen Milchphase der Ziegen nicht erlauben.

EINKAUF/LAGERUNG:
Den Gjetost finden Sie im Käsefachgeschäft. Er lässt sich am Stück gut verpackt einige Tage im Gemüsefach des Kühlschranks aufbewahren. Der *Ekte Gjetost* (= echt), der nur aus Ziegenmilch hergestellt wird, ist schwer zu bekommen.

Gorgonzola

Aussprache:
Gorgondsola

Milch:
🐄 🥛

Herkunft:
Italien

Getränke-empfehlung:
Rotwein, z. B. Barolo, oder edelsüßer Weißwein

TYP: Weichkäse mit Blauschimmel

HERKUNFT UND VERBREITUNG: Der Gorgonzola wird in der Lombardei und dem Piemont hergestellt. Vermutlich kommt er aus einem kleinen lombardischen Dorf nördlich von Mailand, dessen Namen er auch trägt. Hier wurde er schon vor 1000 Jahren hergestellt.

MERKMALE: Der Gorgonzola hat eine zylindrische Form mit einem hohen und geraden Rand. Seine Höhe beträgt 16 bis 20 cm, sein Durchmesser 25 bis 30 cm und sein Gewicht liegt zwischen 6 und 13 kg. Er hat eine raue, leicht rötliche Rinde. Sein Teig ist von strohgelber Farbe und mit grünen Schimmeladern durchzogen.

HERSTELLUNG: Gorgonzola wird ausschließlich aus Kuhvollmilch hergestellt, die bei 28° bis 32° C unter Zugabe von Kalbslab geronnen und mit Blauschimmelsporen geimpft wird. Einige Tage nach der Herstellung wird die mehrere Tage dauernde Trockensalzung in Räumen mit einer Temperatur von 18 bis 20° C vorgenommen. Danach reift der Gorgonzola bis zu 2 oder 3 Monate lang bei Temperaturen von 5° bis 8° C. Während der Reifung wird der Teig mehrmals durchlöchert, um die Entwicklung des Blauschimmels zu begünstigen, der charakteris-

tisch für diesen Käse ist und ihm seine grüne Edelpilzfärbung verleiht. Zum Schluss wird der Gorgonzola in Alufolie oder ein anderes schützendes Material verpackt.

HISTORISCHES: Die Erfindung dieses Käses wird einem lombardischen Wirt zugeschrieben, der einige schon leicht angeschimmelte Weichkäsestücke den Gästen als besondere Spezialität verkaufen wollte. Doch anstatt sich über den Schimmel zu beschweren, waren die Gäste ganz begeistert – der Edelpilzkäse war geboren.

SPEZIALITÄTEN: *Torta Crema*, Gorgonzola mit Mascarpone, ist ein kleiner Zylinder, bei dem die beiden Käsesorten

abwechselnd zu einem Kuchen geschichtet wurden. Diese Spezialität wird auch oft als Sahnegorgonzola bezeichnet. Sie ist im Geschmack sehr cremig und mild, aber aufgrund der Mischung Frischkäse und Schimmelkultur nicht lange haltbar.
Dolcelatte (Aussprache: Dolsche Latte) ist ein Handelsname für einen sehr milden und sahnigen Gorgonzola. Seine Reifezeit ist wesentlich kürzer, und daher ist er weniger stark von Schimmeladern durchzogen.

Gefüllter Pfannkuchen

Zutaten: 2 Eier • 50 g Butter • 200 ml Milch • 100 g Mehl • Salz • 1 EL Butter • 1 EL Mehl • 500 ml Milch • 450 g Spinat • 1 Zwiebel • 1 EL Butter • 150 g Gorgonzola

Zubereitung: Für die Pfannkuchen die Eier mit 25 g zerlassener Butter und der Milch verquirlen, das Mehl unterschlagen, salzen und 30 Minuten quellen lassen.
Für die Béchamel die Butter schmelzen, das Mehl darin unter Rühren leicht anschwitzen, nach und nach die Milch dazugießen, gut glatt rühren. 5 Minuten köcheln lassen, pfeffern und salzen.
Den Spinat putzen, waschen und tropfnass in den Topf geben, ca. 5 Minuten dünsten, ausdrücken und grob hacken. Gehackte Zwiebel in Butter glasig dünsten, Spinat dazugeben. Gorgonzola in etwas Béchamel glatt rühren und mit dem Spinat mischen.
Spinat auf den Pfannkuchen verteilen, aufrollen, in eine Auflaufform legen, mit Béchamel begießen. Im Ofen bei 220° C 20 Minuten backen.

IN DER KÜCHE

AROMA:

Der Gorgonzola trägt jung den Beinamen »dolce«, der Käse schmeckt zwar auch schon dann würzig und pikant, besitzt aber eine dezente süße Note, die er mit zunehmender Reife verliert. Der gereifte Käse mit dem Beinamen »piccante« ist kräftiger im Geschmack und hat eine eher säuerliche Note.

FETTGEHALT:

48 % Fett i. Tr.

VERWENDUNG:

Gorgonzola zusammen mit schwarzen Oliven und Radicchio ist ein beliebte Vorspeise in der Lombardei. Er wird aber auch gerne zusammen mit Walnüssen über einen gemischten Blattsalat gegeben. Mit Salbei und Knoblauch lässt sich eine Paste für Ciabatta herstellen, und ein Klassiker ist Gorgonzola mit Spinat als Füllung von Pfannkuchen. Der berühmte Käse darf natürlich auch auf keiner italienischen oder Blauschimmel-Käseplatte fehlen.

EINKAUF/LAGERUNG:

Gorgonzola finden Sie an jeder gut sortierten Käsetheke. Er lässt sich in einer Dose gut verschlossen im Gemüsefach des Kühlschranks einige Tage aufbewahren.

WUSSTEN SIE ...

Ursprünglich wurde die Form für den Gorgonzola zuerst mit dem noch warmen Bruch aus der Morgenmilch ausgekleidet und in die Mitte der erkaltete Käsebruch von der Abendmilch hinzugefügt.

Gouda

Aussprache:
Gauda

Milch:

Herkunft:
Niederlande

Getränke-
empfehlung:
Pils oder Export

TYP: Schnittkäse

HERKUNFT UND VERBREITUNG: Gouda stellt die wichtigste holländische Käsesorte dar. Er stammt aus dem gleichnamigen Städtchen Gouda, das nordöstlich von Rotterdam liegt. Schon im Mittelalter wurde der Käse weit über die Grenzen des Landes exportiert und war bei den Engländern und im ganzen Nord-Ostsee-Raum eine beliebtes Lebensmittel.

ÄUSSERE MERKMALE: Der Käse hat die Form eines Wagenrades mit einem Durchmesser von 30 cm. Er ist mit einer gelben Kunststoffschicht überzogen. Je jünger der Käse, umso heller ist seine Farbe; er ist von geschmeidiger, schnittfester Konsistenz. Alter Gouda ist schon sehr bröckelig. Aufgrund des Wasserverlustes während der langen Reifezeit wird die Rinde dicker und der Käseteig fester.

ZUTATEN: Wenn nicht anders vermerkt, handelt es sich beim Gouda um einen Käse aus pasteurisierter Kuhmilch. Der Bauern-Gouda wird aus Rohmilch gewonnen. Schon seit dem Mittelalter werden dem Gouda Gewürze zugesetzt, die nicht nur das Aroma verändern, sondern auch für eine längere Haltbarkeit sorgen sollen. Neben Kreuzkümmel werden auch Pfefferkörner oder Kräuter zugesetzt.

KLASSISCHE GOUDASORTEN: *jung:* Die Reifezeit beträgt nur 4 bis 6 Wochen. Der Käse ist besonders hell in seiner Farbe und mild im Geschmack. Die meisten Anhänger findet er bei Kindern.

mittelalt: Unter dem Namen »Pikantje van Antje« ist er den meisten bekannt. Pikantje van Antje ist garantiert 4 Monate gereift. Ansonsten ist mittelalter Gouda zwischen 3 bis 6 Monate gereift und daher ist seine Farbe wesentlich dunkler, der Geschmack herzhaft pikant.

dreiviertelalt: Nach 6 bis 8 Monaten Reifezeit kommt dieser

Gouda auf den Markt und ist im Aroma und in der Farbe noch einen Tick kräftiger.
alt: Bei Gouda spricht man von »alt«, wenn der Käse länger als 8 Monate lagert. Er kann aber auch bis zu 2 Jahren Lagerzeit unter der Rinde haben. Dieser Gouda ist bröckelig und schon fast orange-gelb. Übrigens wird er mit einer schwarzen Kunststoffschicht überzogen. Aufschneiden lässt er sich nur schwer, sein Wasseranteil ist zu gering und daher zerfällt er in Bröckchen.

ANDERE SORTEN: *Ziegengouda:* Auch aus Ziegenmilch lässt sich Goudakäse gewinnen. Es handelt sich dabei um einen Käse von weißer Farbe, der sehr mild im Geschmack ist. Auch ihn gibt es in verschiedenen Altersklassen und mit Gewürzen verfeinert.
Deutscher Gouda: Er wird nach dem holländischen Vorbild hergestellt.

Käseigel

ZUTATEN: 1 Grapefruit • 400 g Gouda • Radieschen • Cornichons • Maiskölbchen • Puppenwürstchen • Cocktailkirschen • Ananasstücke • Mandarinen • Weintrauben • Zahnstocher

ZUBEREITUNG: Den Käse würfeln, die bunten Zutaten in mundgerechte Stücke teilen. Diese im Wechsel mit den Käsewürfeln aufspießen und dann in die Grapefruit stecken.

IN DER KÜCHE

AROMA:
Gouda schmeckt mild bis pikant-würzig.

FETTGEHALT:
45 % Fett i. Tr.

VERWENDUNG:
Gouda ist ein Allroundtalent in der Küche. Pur in Würfeln oder in Scheiben aufs Brot, zum Überbacken von Aufläufen und Pizza ist er ebenso geeignet wie in einer Suppe oder Sauce zerschmolzen.

EINKAUF/LAGERUNG:
Gouda ist auch in Deutschland der weit verbreitetste Käse. Sie finden ihn in jedem Discounter in Folie abgepackt. Er fehlt sicherlich auch in keiner Käsetheke. Bevorzugt sollten Sie ihn am Stück kaufen oder frisch in Scheiben schneiden lassen. So trocknet er nicht so schnell aus. Zuhause sollte er im Kühlschrank gelagert werden. Am besten lagert er alleine oder mit Käsesorten gleichen Typs mit Pergamentpapier umhüllt in einer Plastikdose.

Grana Padano

Milch:

Herkunft:
Italien

Getränke-
empfehlung:
Rotwein, z. B.
Valpolicella

TYP: Hartkäse

HERKUNFT UND VERBREITUNG: Der Grana Padano wird in der ganzen Poebene hergestellt, dazu gehören die Regionen Venetien, Trentino, Piemont, Lombardei und Emilia-Romagna.

MERKMALE: Der Grana Padano hat eine zylindrische Form und einen leicht konvexen oder fast geraden Rand. Sein Durchmesser beträgt 35 bis 45 cm, die Randhöhe 18 bis 25 cm und sein Gewicht liegt bei 24 bis 40 kg. Er hat eine natürlich goldgelbe Rinde, die zwischen 4 und 8 mm dick ist. Der Teig hat eine weiße oder strohgelbe Farbe, eine leicht körnige Beschaffenheit und eine kaum sichtbare Lochung.

HERSTELLUNG: Der Käse wird aus Milch von Kühen hergestellt, die mit frischem Grünfutter oder Heu gefüttert werden. Die Milch stammt von zwei Melkvorgängen eines Tages, ruht dann und wird teilentrahmt. Die Gerinnung erfolgt durch Gärungssäure. Der Grana Padano wird das ganze Jahr hindurch produziert. Die natürliche Reifung erfolgt in Räumen bei Temperaturen von 15° bis 22° C und kann 1 bis 2 Jahre dauern.

IN DER KÜCHE

AROMA:
Der Grana Padano ist mild, leicht säuerlich und aromatisch im Geschmack.

FETTGEHALT:
32 % Fett i. Tr.

VERWENDUNG:
Der Grana Padano ist noch nicht voll durchgereift als Schnittkäse, später nur noch als Reibekäse geeignet.

EINKAUF/LAGERUNG:
Grana Padano finden Sie eingeschweißt im Lebensmitteldiscounter oder auch an der Käsetheke in jedem größeren Supermarkt. Er wird in Deutschland oft als Parmesan angeboten. In der Regel ist er preiswerter als der Parmigiano Reggiano, da er in wesentlich größeren Mengen hergestellt wird. Grana Padano lässt sich am Stück und gut verpackt im Gemüsefach des Kühlschranks lange aufbewahren. Gerieben kann er einige Tage in einer Dose oder im Schraubglas im Kühlschrank gelagert werden.

Graukäse

Milch:

Land:
Österreich

Getränke-empfehlung:
Bier, z. B. Export

TYP: Sauermilchkäse

HERKUNFT UND VERBREITUNG: Dieser Bauernkäse stammt aus Tirol oder der Steiermark. Graukäse aus der Steiermark wird im Volksmund auch Steirerkas genannt.

MERKMALE: Graukäse wird in Laib-, Brot- und Stangenform zwischen 250 g und 3 kg angeboten. Seine Rinde ist dünn und der Teig hat kleine Risse und ist mit einem blaugrauen bis grüngrauen Schimmel überzogen. Der gelbweiße marmorierte Teig ist trocken bis speckig.

HERSTELLUNG: Der Graukäse wird aus Magermilch gewonnen. Diese wird mit Milchsäurebakterien dickgelegt, dabei entsteht ein Käsebruch, der dem Magerquark entspricht. Dieser Quark wird in Formen gefüllt und reift nun innerhalb von 10 Tagen.

HISTORISCHES: Graukäse war früher ein Arme-Leute-Essen, denn Magermilch war in der Alpenregion nach dem Abschöpfen der Sahne meist im Überfluss da. Der Käsebruch wurde häufig direkt neben dem Holzofen gereift, sodass schnell ein schmackhafter Graukäse entstehen konnte.

In der Küche

Aroma:
Graukäse schmeckt säuerlich und wird mit zunehmender Reife schärfer.

Fettgehalt:
0 % Fett i. Tr.

Verwendung:
Graukäse passt gut zu dunklem Brot oder wird auch gerne mit Essig, Öl und Gewürzen angemacht.

Einkauf/Lagerung: Graukäse finden Sie nur im Käsefachgeschäft. In Tirol und Österreich ist der heimische Käse auch in den kleinen Molkereigeschäften zu finden. Der Graukäse kann in einer Plastikdose gut verpackt ein paar Tage im Kühlschrank gelagert werden.

Greyerzer

Aussprache:
Greijerzer

Milch:

Land:
Schweiz

Getränke-
empfehlung:
Rotwein, z. B.
Dôle

TYP: Schnittkäse

HERKUNFT UND VERBREITUNG: Dieser Käse ist auch unter dem Namen Gruyère bekannt. Seinen Ursprung hat er in der Grafschaft Gruyère im Westschweizer Kanton Freiburg (Fribourg). Der Schweizer Gruyère darf heute in den Kantonen Freiburg, Waadt, Neuenburg und Jura, den Bezirken von Courtelary, La Neuveville, Moutier und einigen an das Kanton Bern angrenzenden Gemeinden hergestellt werden.

MERKMALE: Die runden Laibe des Gruyère haben eine Höhe von 9,5 bis 12 cm und einen Durchmesser von 55 bis 65 cm. Er wiegt zwischen 35 und 40 kg und hat eine schmierige, körnige Rinde von bräunlicher Farbe. Die Kante des Käses ist leicht konvex. Die Konsistenz des Teiges ist ziemlich fest, aber nicht bröckelig. Er kann mit kleinen Löchern mit einem Durchmesser von 4 bis 5 cm durchzogen sein.

HERSTELLUNG: Der Gruyère wird aus Rohmilch von Kühen, die im Sommer mit Gras und im Winter mit Heu gefüttert werden, hergestellt. Die Rohmilch muss innerhalb von 18 Stunden nach dem Melken verarbeitet werden. Dabei wird die Milch in offenen Kupferkesseln erwärmt. Das Fassungsvolumen der Kessel darf 6600 l nicht überschreiten. Der Milch wird Lab zugesetzt, und der Bruch wird zerkleinert und unter Rühren ein weiteres Mal erwärmt. Danach wird die Käsemasse in Formen gegeben und muss mindestens 16 Stunden gepresst werden. Der Druck wird dabei schrittweise erhöht. Er darf nicht zu schwach sein, denn durch ihn wird ein guter Zusammenhalt der Körner und ein gleichmäßiges Ablaufen der Molke gewährleistet. Nachdem der Käse geformt ist, wird er trocken oder im Salzbad gesalzen. Der Käse lagert bei Temperaturen von 12° bis 18° C und einer Luftfeuchtigkeit von über 90 % auf ungehobelten Fichtenholzgestellen. Die ersten 8 bis 12 Tage wird der Käselaib täglich abgerieben und gewendet. Insgesamt reift der Käse 5 bis 12 Monate.

Historisches: In einer Charta von 1155 ist die Käseproduktion in der Region festgelegt worden. Die Weidewirtschaft und die Käseproduktion wird den einfachen Bergbauern erlaubt, das Material wie Kessel, Harfe und Formen werden vom Klerus zur Verfügung gestellt. Weitere Dokumente belegen, dass seit 1249 in der Stadt Freiburg der Handel mit Käse betrieben wurde. Im 14. Jahrhundert ist der Käse schon außerhalb der Grenzen der Schweiz bekannt, und zur Zeit des 30-jährigen Krieges war er ein bedeutendes Lebensmittel. Seit dieser Zeit versucht man den Käse zu schützen, einst war ein großes »G« auf dem Käselaib das Markenzeichen für den Gruyère.

Anlässlich der Landwirtschaftsausstellung in Paris gewannen zwei Molkereien mit ihrem Käse hohe Auszeichnungen, die den Absatz des Käses enorm förderten. Er wurde danach sogar in englische und holländische Kolonien exportiert. Heute ist er ein AOC-geschützter Käse und weit über die Grenzen der Schweiz hinaus verbreitet.

Käsefondue

Zutaten: je 400 g Greyerzer und Emmentaler • 1 Knoblauchzehe • 300–400 ml Weißwein • 1 TL Zitronensaft • 1–2 Schnapsgläser Kirschwasser • 4 gestr. TL Speisestärke • frisch gemahlener Pfeffer • Baguette- oder Bauernbrot

Zubereitung: Den Fonduetopf mit der Knoblauchzehe ausreiben, den Käse reiben, zusammen mit dem Wein und dem Zitronensaft unter Rühren erhitzen, bis der Käse vollständig geschmolzen ist. Wichtig: ständig dabei rühren, am besten in Achtform, damit der Käse sich gleichmäßig löst. In Kirschwasser angerührte Speisestärke unterrühren und kurz aufkochen. Mit Pfeffer abschmecken. Brot in Würfel schneiden. Käsefondue auf den Rechaud stellen. Zum Essen die Brotwürfel aufspießen und in das Fondue tauchen. Dabei zwischendurch mit den aufgespießten Brotwürfeln rühren, damit der Käse nicht am Boden ansetzt.

In der Küche

Aroma:
Der Gruyère hat einen fruchtigen Geschmack, der von einem mehr oder weniger salzigen Grundton unterstrichen wird.

Fettgehalt:
49 % Fett i. Tr.

Verwendung:
Gruyère eignet sich aufgrund seiner hervorragenden Schmelzeigenschaften besonders gut für Aufläufe, Gratins, Saucen und für Käsefondue. Gerne wird der Käse auch als Zwischenmahlzeit zu Brot und Gemüse gegessen.

Einkauf/Lagerung:
Gruyère finden Sie in jeder größeren Käsetheke. Zuhause sollte er im Kühlschrank am Stück alleine oder mit Käsesorten gleichen Typs, mit Pergamentpapier und gelöcherter Alufolie umhüllt, gelagert werden.

Schon probiert?
GEFÜLLTE BRIOCHES: **Eine Béchamelsauce herstellen, diese mit gekochten Schinkenwürfelchen und geriebenem Gruyère mischen, Eigelb darunter rühren. Eiweiß steif schlagen, unter die Masse heben. Kleine Brioches oben aufschneiden, aushöhlen und die Masse einfüllen. Deckelchen wieder aufsetzen. Im Ofen bei mittlerer Hitze ausbacken.**
Sie können statt der Brioches auch kleine Blätterteigpastetchen verwenden.

Havarti

Aussprache:
Hawarti

Milch:

Herkunft:
Dänemark

Getränke-empfehlung:
Bier, z. B. Altbier

TYP: Schnittkäse

HERKUNFT UND VERBREITUNG: Der Havarti hat wie der Esrom seinen Ursprung auf Seeland, einer Insel in Dänemark.

MERKMALE: Der Havarti wird sowohl zu einem eckigen als auch zu einem runden Laib geformt. Er wiegt zwischen 2 und 4,5 kg. Der Käseteig ist hellgelb und mit kleinen Löchern übersät. Seine dünne Naturrinde ist gewaschen, und manchmal ist der Käse mit einer roten Wachsschicht umhüllt.

HERSTELLUNG: Für den Havarti wird pasteurisierte Kuhmilch dickgelegt. Der Käsebruch wird zerkleinert, in Formen geschüttet und leicht gepresst. Nach dem Salzen reift der Käse mindestens 1 Monat. Dem Käsebruch werden je nach Sorte Kräuter oder Gewürze zugesetzt. Havarti kommt auch in verschiedenen Reifestufen zum Verkauf.

HISTORISCHES: Der Havarti ist nach dem dänischen Bauernhof »Havartigaarden« benannt worden, und zwar zum Andenken an Hanne Nielsen, der Besitzerin des Hofes. Sie reiste vor mehr als 100 Jahren in ganz Europa herum, um die Technik der Käseproduktion besser kennenzulernen, später gründete sie in Dänemark ihre eigene Molkerei.

IN DER KÜCHE

AROMA:
Je stärker der Havarti gereift ist, umso pikanter ist er im Geschmack.

FETTGEHALT:
30 % Fett i. Tr.

VERWENDUNG:
Havarti ist ein typischer Käse zum Belegen von Broten. Dazu werden gerne ein paar Radieschen und Gurken gegessen. Havarti mit höherem Fettgehalt kann auch zum Überbacken verwendet werden.

EINKAUF/LAGERUNG:
Havarti finden Sie im Käsefachgeschäft. Er lässt sich am Stück, in Pergamentpapier und Folie verpackt, im Gemüsefach des Kühlschranks aufbewahren.

Herrgårdost

Aussprache:
Härgord-ust

Milch:

Herkunft:
Schweden

Getränke-empfehlung:
Weißwein, z. B. Silvaner

Typ: Schnittkäse

Herkunft und Verbreitung: Dieser Käse stammt aus Schweden und lässt sich mit »Herrenhauskäse« übersetzen. Es ist zu vermuten, dass er traditionell auf größeren Höfen in Mittel- und Südschweden hergestellt wurde.

Merkmale: Herrgårdost hat die Größe und Form eines Wagenrades. Er wiegt zwischen 12 und 20 kg. Der Käse hat eine feste Konsistenz, ist von blassgelber Farbe und hat erbsengroße Löcher. Seine Naturrinde ist gelb und dünn.

Herstellung: Der Herrgårdost wird aus pasteurisierter Kuhmilch gewonnen. Die Milch wird mit Lab dickgelegt, der Bruch geschnitten, unter Rühren erwärmt und in seine Form gepresst. Der Käse reift mindestens 3 Monate. Seine Reifezeit kann verlängert werden, dann wird die Konsistenz des Teiges fester und der Käse würziger.

Ähnlicher Käse: *Greve (Aussprache: Grewe)* unterscheidet sich vom Herrgårdost nur wenig. Er hat ebenfalls die Form eines Wagenrades, ist aber ein wenig kleiner als der Herrgårdost. Er ist erst nach 10 Monaten ausgereift und besitzt ein mildes Aroma.

IN DER KÜCHE

AROMA:
Herrgårdost hat einen milden, leicht nussigen Geschmack.

FETTGEHALT:
28 % Fett i. Tr.

VERWENDUNG:
Der Herrgårdost gehört in Schweden traditionell aufs Brot für das Lunchpaket. Mit einem höheren Fettgehalt eignet er sich auch zum Überbacken von Aufläufen.

EINKAUF/LAGERUNG:
Den Herrgårdost finden Sie im Käsefachgeschäft. Er lässt sich am Stück, in Pergamentpapier und perforierter Alufolie verpackt, im Gemüsefach des Kühlschranks aufbewahren.

Herve

Aussprache:
Ärwe

Milch:

Herkunft:
Belgien

Getränke-empfehlung:
Bier, z. B. Starkbier

TYP: Weichkäse

HERKUNFT UND VERBREITUNG: Der Herve stammt aus der Provinz Lüttich in Belgien.

MERKMALE: Der Herve hat eine viereckige Form, und man findet ihn in vier verschiedenen Gewichtsklassen: 50, 100, 200 und 400 g. Sein Teig ist elfenbeinfarbig, mattglänzend und mit wenigen Bruchlöchern versehen. Seine Rinde ist organe-gelb und leicht feucht.

HERSTELLUNG: Der Herve wird aus pasteurisierter Kuhmilch, die aus dem Ursprungsgebiet stammt, hergestellt. Die Milch wird erwärmt und mit Lab versetzt. Die nach 1 bis 1 1/2 Stunden dickgelegte Milch wird in haselnussgroße Stücke geschnitten. Der Bruch wird von der Molke getrennt und in Formen zu Vierecken geformt und leicht gepresst. Der Käse wird mit Rotschmiere behandelt und reift in 5 bis 6 Wochen in feuchten Kellerräumen. Er wird während seiner Reifephase mehrmals wöchentlich mit Salzlake abgewaschen, damit der Käse sein volles Aroma entwickeln kann. Eine Herve mit den Zusatz »piquant extra« reift mindest 2 Monate und ist im Geruch und Geschmack noch intensiver.

IN DER KÜCHE

AROMA:
Der Herve ist ein sehr intensiver, pikanter und würziger Käse, sowohl im Geschmack als auch im Geruch.

FETTGEHALT:
45 % Fett i. Tr.

VERWENDUNG:
Dieser Käse wird pur zum Bier oder auch zum Abschluss eines Menüs gereicht. Mit ihm lässt sich auch ein Toastbrot überbacken. Jedoch ist dieser Käse nur etwas für absolute Käsefreaks, den meisten Menschen ist der Geruch zu aufdringlich.

EINKAUF/LAGERUNG:
Herve finden Sie im Käsefachgeschäft. In Pergamentpapier umhüllt und in einer Dose gut verschlossen lässt sich der Käse im Kühlschrank lagern.

Ibérico

Aussprache:
Iberiko

Milch:

Herkunft:
Spanien

Getränke-empfehlung:
Rotwein, z. B. Rioja

TYP: halbfester Schnittkäse

HERKUNFT UND VERBREITUNG: Der Ibérico wird in der zentralen Hochebene der iberischen Halbinsel industriell hergestellt. Er hat keinen Ursprungsschutz und kann daher in ganz Spanien produziert werden.

MERKMALE: Der Ibérico ist ein zylindrischer Käse mit einem Durchmesser von 20 cm und einer Höhe von 15 cm. Das Gewicht liegt bei 3 bis 4 kg. Der Käse wird mit einer Paraffin- bzw. Kunststoffschicht überzogen, damit er nicht austrocknet. Die Farbe der Rinde zeigt übrigens den Reifestatus des Käses an. Eine weiße oder hellgelbe Rinde markiert stets einen jungen Käse, der 25 bis 30 Tage gereift wurde, eine schwarze Rinde deutet auf einen halbreifen, 50 bis 60 Tage alten Ibérico. Ein 3 Monate alter Ibérico hat eine braune und ein vollreifer, 6 Monate gereifter Käse trägt eine dunkelbraune Rinde.

HERSTELLUNG: Der Ibérico ist Spaniens bekanntester Mischkäse. Er wird aus pasteurisierter Kuh-, Ziegen- und Schafsmilch hergestellt. Jede der 3 Milchsorten muss beim Ibérico mit einem Anteil zwischen 25 und 40 % beteiligt sein. Die Milchmischung wird mit Lab geronnen, der Bruch wird geformt und gesalzen und mindestens 25 Tage gereift.

In der Küche

Aroma:

Junger und halbgereifter Ibérico hat ein frisches, zartwürziges Aroma. Mit zunehmender Reife wird der Käse im Geschmack kräftiger und pikanter.

Fettgehalt:

45 % Fett i. Tr.

Verwendung:

Der Ibérico ist der am meisten verwendete Alltagskäse in Spanien. Er wird zum Überbacken und Verfeinern von warmen Gerichten eingesetzt und auch roh zu Brot und Wein gegessen.

Einkauf/Lagerung:

Ibérico finden Sie im Käsefachgeschäft oder im spanischen Spezialitätenladen. Der Käse lässt sich gut verpackt im Gemüsefach des Kühlschranks aufbewahren.

Ibores

Milch:

Herkunft:
Spanien

Getränke-
empfehlung:
Dessertwein,
z. B. Sherry Fino

TYP: halbfester Schnittkäse

HERKUNFT UND VERBREITUNG: Die Heimat des Ibores ist die Extremadura. Diese Region liegt im Südwesten von Spanien und ist ein von schroffen Bergketten umgebenes Hochplateau mit viel Weideland und Steineichenbeständen.

MERKMALE: Der Ibores hat eine zylindrische Form und wiegt zwischen 650 g und 1,2 kg. Der Käse hat eine natürliche Rinde, die mit Paprikapulver oder Olivenöl während der Reifung eingerieben worden ist und je nachdem rot oder ockerfarbig ist.

HERSTELLUNG: Der Ibores wird aus Rohmilch von den Ziegenrassen Serrana, Verata und Retinta hergestellt. Die Gerinnung erfolgt mit natürlichem Lab. Nach einer mittleren Reifezeit ist die Käsemasse halbfest. Die Rinde wird dann mit Olivenöl oder geräuchertem Paprikapulver aus La Vera eingerieben. Der Käse muss mindestens 2 Monate gereift sein, bevor er in den Verkauf kommt.

HISTORISCHES: In den nahezu unberührten Bergketten von Villuercas und Ibor hat die Wanderweidewirtschaft eine lange Tradition. Die Schäfer und ihre Familien ernährten sich hauptsächlich von der Milch und dem Fleisch ihrer Ziegen.

IN DER KÜCHE

AROMA:
Der Ibores hat einen leicht buttrigen Geschmack und ein dezentes Ziegenmilcharoma.

FETTGEHALT:
45 % Fett i. Tr.

VERWENDUNG:
Der Ibores wird zu Brot gegessen. Aber auch gerieben eignet er sich zum Verfeinern von Aufläufen, Fleischgerichten, Suppen und Saucen.

EINKAUF/LAGERUNG:
Ibores finden Sie im Käsefachgeschäft oder im spanischen Spezialitätenladen. Dieser Käse lässt sich gut verpackt im Gemüsefach des Kühlschranks aufbewahren.

WUSSTEN SIE ...

Der mit handwerklichen Methoden hergestellte Käse wurde auf den Wochenmärkten, vor allem dem in Trujillo, an sogenannte Afinadores verkauft, die die Käselaibe nachreifen ließen und weiterverkauften. In den letzten 15 Jahren sind die Wanderhirten sesshaft geworden und der Käse wird in kleinen Molkereien hergestellt.

Idiazábal

Aussprache:
Idijasábal

Milch:

Herkunft:
Spanien

Getränke-empfehlung:
Rotwein, z. B. Rioja

TYP: Hartkäse

HERKUNFT UND VERBREITUNG: Der Idiazábal stammt aus dem Baskenland. Benannt nach einem gleichnamigen baskischen Dorf, stellt er ein Synonym für baskischen Käse dar. Idiazábal wird in der ganzen Region Baskenland und dem Nordosten von Navarra hergestellt.

MERKMALE: Der Idiazábal hat eine zylindrische Form und wiegt zwischen 1 und 3 kg. Der Käseteig ist fest, fast spröde und elfenbeinfarbig. Seine Rinde ist entweder hellgelb, dann ist der Käse nicht geräuchert, oder rotorange bis braun, dann handelt es sich um die geräucherte Variante.

HERSTELLUNG: Der Idiazábal wird aus der Rohmilch von Schafen der Rassen Latxa und Carranzana hergestellt. Die Ziegenmilch wird durch natürliches Lab geronnen. Der Bruch wird zerkleinert, gepresst und in die typisch zylindrische Form gebracht. Nach dem Einsalzen reift der Käse zwischen 2 und 5 Monate. Anschließend kann der Käse über Buchen-, Weißdorn- oder Kirschbaumholz geräuchert werden.

IN DER KÜCHE

AROMA:
Der Idiazábal schmeckt leicht pikant und ausgeprägt nach Schaf. Die ungeräucherte Variante hat ein leichtes Heuaroma, während der geräucherte Käse ein mildes Raucharoma erkennen lässt.

WUSSTEN SIE ...

Früher stiegen die Schäfer mit ihren Herden jedes Jahr im Herbst, wenn mit dem ersten Schneefall zu rechnen war, von den Bergweiden hinab ins Tal. Während der Sommermonate produzierten sie auf den Berghütten, den Txabolas, den Idiazábal, den sie über dem offenen Feuer räucherten, um ihn lange haltbar zu machen. In den Wintermonaten verkauften sie den Käse auf den Viehmärkten im Tal.

FETTGEHALT:
45 % Fett i. Tr.

VERWENDUNG:
Der Idiazábal wird sowohl roh als Zwischenmahlzeit gegessen wie auch zum Kochen als Reibekäse zum Überbacken oder Verfeinern von Gerichten genutzt.

EINKAUF/LAGERUNG:
Idiazábal finden Sie im Käsefachgeschäft oder im spanischen Spezialitätenladen. Dieser Käse lässt sich gut verpackt im Gemüsefach des Kühlschranks aufbewahren.

Jarlsberg

Milch:
Herkunft:
Norwegen

Getränke-
empfehlung:
Weißwein, z. B.
Riesling

TYP: Schnittkäse

HERKUNFT UND VERBREITUNG: Er stammt aus Südnorwegen, aus dem Gebiet Jarlsberg. Er ist vermutlich der älteste Schnittkäse Norwegens und wurde nach einer alten Wikingersiedlung am Oslofjord benannt. Heute wird viermal mehr Jarlsberg vor allem in die USA, Australien, Neuseeland, Japan, aber auch in die EU exportiert, als im Land selbst verbraucht wird.

MERKMALE: Jarlsberg ist ein runder Käse mit einem Durchmesser von etwa 30 cm, einer Höhe von 10 cm und einem Gewicht von etwa 10 kg. Der Käseteig ist goldgelb, mit bis zu haselnussgroßen Löchern. Aufgrund seiner großen Löcher wird er in Norwegen selbst auch gerne als »Emmentaler der Fjorde« bezeichnet.

HERSTELLUNG: Im Sommer weiden die Kühe auf den saftigen und leicht salzigen Wiesen oberhalb der Fjorde. Die Milch wird mit Lab eingedickt, dann zu feinem Bruch geschnitten, zur Härtung erwärmt und in Formen bis zu 2 Tage gepresst. Danach wird er in Salzlake gewaschen. Der Käse reift mindestens 100 Tage bis zu 10 Monate in kühlen Kellern und wird dabei regelmäßig mit Lake gewaschen und gebürstet.

IN DER KÜCHE

AROMA:
Der Jarlsberg schmeckt mild bis nussig.

FETTGEHALT:
45 % Fett i. Tr.

VERWENDUNG:
Der Jarlsberg passt hervorragend aufs Brot, zusammen mit anderen norwegischen Spezialitäten wie Salzheringen oder Lachs wird er schon zum Frühstück genossen. Aber auch nach dem traditionell warmen Abendessen werden gerne ein paar Scheiben Jarlsberg gereicht. In der warmen Küche wird dieser Käse zum Überbacken eingesetzt.

EINKAUF/LAGERUNG: Den Jarlsberg finden Sie im Käsefachgeschäft und manchmal auch in großen Supermärkten in der Kühltheke eingeschweißt oder an der Käsetheke. Er lässt sich am Stück, in Pergamentpapier und Alufolie eingepackt, im Gemüsefach des Kühlschranks aufbewahren.

Kefalotiri

Milch:

Land:
Griechenland

Getränke-empfehlung:
Weißwein, z. B. Mandilari

TYP: Schnittkäse

HERKUNFT UND VERBREITUNG: Kefalotiri wird überall in Griechenland hergestellt und trägt zusätzlich den Namen seiner Herkunftsregion.

MERKMALE: Sein Name geht auf das griechische Wort »Kefalo« zurück, damit ist ein griechischer Hut gemeint, an den seine gewölbte Form erinnert. Der Käselaib wiegt etwa 10 kg und ist bis zu 25 cm hoch sowie im Durchmesser doppelt so breit wie der Käse hoch ist.

HERSTELLUNG: Kefalotiri wird aus roher Ziegen- oder Schafsmilch hergestellt. Die dickgelegte Milch wird in Formen gepresst, gesalzen und ein weiteres Mal gepresst. Der Käse reift 2 bis 3 Monate in kühlen, feuchten Kellerräumen.

ANDERE SORTE: Beim *Kasseri* handelt es sich um einen jungen Kefalotiri, dessen Konsistenz durch das Eintauchen in heißem Wasser elastischer wird. Auf den Markt kommt er als Scheiben oder im Block.

IN DER KÜCHE

AROMA:
Kefalotiri hat einen leicht salzigen sowie säuerlich milden Geschmack.

FETTGEHALT:
45 % Fett i. Tr.

VERWENDUNG:
Kefalotiri ist Bestandteil vieler warmer griechischer Gerichte. Mit ihm lässt sich der Klassiker Moussaka wie auch andere griechische Gerichte überbacken.

EINKAUF/LAGERUNG:
Kefalotiri erhalten Sie im griechischen oder türkischen Lebensmittelgeschäft. Im Gemüsefach des Kühlschranks lässt er sich am Stück, mit Pergamentpapier und Alufolie umhüllt, einige Tage lagern.

Laguiole

Aussprache:
Lagijol

Milch:

Herkunft:
Frankreich

Getränke-empfehlung:
Rotwein, z. B. fruchtiger Beaujolais

TYP: Schnittkäse

HERKUNFT UND VERBREITUNG: Der Laguiole stammt ursprünglich aus dem Aubrac, einer Basalthochebene von 800 bis 1400 Höhenmetern. Als AOC-Käse darf er nur in den Departements Aveyron, Cantal und Lozère der südlichen Auvergne produziert werden.

MERKMALE: Der Laguiole hat eine zylindrische Form. Der Durchmesser beträgt 40 cm, die Höhe liegt ebenfalls bei 40 cm und er wiegt 45 bis 48 kg. Die Konsistenz des Käses ist geschmeidig und elastisch. Je älter er wird, umso brüchiger ist er.

HERSTELLUNG: Nach handwerklicher Tradition wird der Laguiole in Sennhütten oder Molkereien hergestellt. Der geformte Käsebruch reift unter einer Presse. Danach wird er ein zweites Mal zerkleinert, der Teig gesalzen und in eine mit einem speziellen Tuch ausgelegte Form gefüllt. Nach einem erneuten Pressen reift der Käse zwischen 4 und 9 Monaten in Kellern.

HISTORISCHES: Die Käseherstellung hat in dieser Region eine lange Tradition. Der Römer Plinius berichtet in seinem Werk darüber. Erstmals wurde der Laguiole namentlich im 4. Jahrhundert erwähnt.

In der Küche

Aroma:
Der Laguiole ist leicht säuerlich, sehr aromatisch und pikant.

Fettgehalt:
45 % Fett i. Tr.

Verwendung:
Er eignet sich zum Verzehr auf Brot, als geriebener Käse wird er gerne zum Überbacken von Aufläufen und Gratins eingesetzt.

Einkauf/Lagerung:
Laguiole finden Sie nur im Fachgeschäft. Sein Erkennungszeichen ist der in die Rinde eingeprägte Name. Er lässt sich am Stück in Pergament und durchlochter Alufolie eingewickelt im Gemüsefach des Kühlschranks lagern.

Schon probiert?

Verfeinern Sie ein Kartoffelpüree doch einmal so: Butter zugeben, 1 durchgepresste Knoblauchzehe und etwas ausgelassenen Speck, dann bei schwacher Hitze schluckweise 1 Becher Sahne unterziehen. Portionsweise 400 geriebenen Laguiole zugeben und dabei den Brei ständig sehr energisch mit dem Löffel durchschlagen, pfeffern, salzen und mit kräftigem Landbrot und einem grünen Salat servieren.

Langres

Aussprache:
Longrre

Milch:

Herkunft:
Frankreich

Getränke-empfehlung:
kräftiger Rotwein aus dem Burgund, oder auch Marc de Champagne

TYP: Weichkäse mit gewaschener Rinde

HERKUNFT UND VERBREITUNG: Die Heimat des Langres liegt im Grenzgebiet von Champagne, Burgund und Lothringen. Er wird in den Departements Côte d'Or, Haute-Marne und Vogesen produziert. Den Namen hat der Käse von einer in dieser Region gelegenen Ebene.

MERKMALE: Der Langres hat eine gewaschene, daher stets leicht feuchte, glänzende Rinde, die je nach Reifezustand in der Farbe von hellgelb bis braun variiert. Der Käseteig ist elfenbeinfarbig und wird im Laufe des Reifungsprozess von der Konsistenz immer cremiger. Auffällig ist eine Vertiefung auf der Oberseite des Käses. Den Langres gibt es in zwei Größen: Als großer Zylinder hat er eine Höhe von 5 bis 7 cm, einen Durchmesser von 16 bis 20 cm und ein Gewicht von mindestens 800 g. Die kleinere Version kommt nur auf eine Höhe von 4 bis 6 cm, einen Durchmesser von 7,5 bis 9 cm und ein Gewicht von 150 g.

HERSTELLUNG: Dieser Käse wird ausschließlich aus Kuhmilch hergestellt. Der Käsebruch wird in Formen gegeben, ohne zuvor gerührt oder gewaschen worden zu sein. In den Formen lässt man die Molke 24 Stunden abtropfen. Danach wird er gesalzen und trocknet auf Gittern. Während der Reifung wird

er immer wieder feucht abgerieben und bildet seine Rotkultur aus. Am Ende des Reifeprozesses wird auf die Oberseite in die Vertiefung ein wenig Marc de Bourgogne oder Champagner gegeben. Diese Alkoholika ziehen in den Käseteig ein. Der Vorgang wird mehrmals wiederholt, dabei wird die Vertiefung immer größer. Die kleine Variante des Langres reift mindestens 15 Tage, und beim großen ist frühstens nach 21 Tagen der Reifeprozess abgeschlossen.

HISTORISCHES: In einem Lied aus dem 18. Jahrhundert vom Dominikanerprior von Langres wird dieser Käse schon gelobt. Ursprünglich wurde der Langres aus noch warmer Milch direkt von der Kuh hergestellt. Sie wurde in Behälter aus gebrannten Ton gegossen. Nach dem Ausformen wurde der Käse auf Platanenblättern getrocknet und reifte auf einem Haferstrohbett.

Langres im Blätterteig

ZUTATEN: 400 g Champignons • 150 ml Crème fraîche • 150 g Langres • Salz und Pfeffer • 50 g Butter • 1 TL Mehl • 1 Paket Blätterteig (tiefgefroren) • 1 Ei

ZUBEREITUNG: Blätterteig auftauen, Blätterteigstücke von 10 x 10 cm zurecht schneiden. Das Ei verquirlen und die Blätterteigquadrate damit bestreichen, und im Ofen bei 220° C backen. Die Blätterteigstücke durchschneiden.

Die Champignons putzen und klein schneiden. Crème fraîche und die Champignons in eine Pfanne geben. 3–4 Min. köcheln lassen. Butter mit Mehl verkneten und zu den Champignons geben und die Sauce damit binden. Die Hälfte der Masse beiseite warm stellen.

In das Innere der Blätterteigstücke jeweils einen Esslöffel Champignon-Mischung geben, eine Scheibe Käse darüber legen, den Deckel auflegen und das Ganze 5 Minuten bei 120° C backen. Den Blätterteig auf einen warmen Teller legen und mit der restlichen Chamignon-Sahne-Mischung umgießen. Sehr heiß servieren.

In der Küche

Aroma:
Langres hat einen kräftigen und würzigen Geschmack und er riecht intensiv.

Fettgehalt:
50 % Fett i. Tr.

Verwendung:
Langres bildet neben Roquefort gerne den Abschluss einer Käseplatte. Eine klassische Kombination ist der Genuss von Langres mit Backpflaumen und Mandeln. Trotz seines intensiven Geruches eignet er sich auch für die warme Küche.

Einkauf/Lagerung:
Langres finden Sie nur im Fachgeschäft. Er lässt sich am Stück in Pergament eingewickelt und in einer gut verschließbaren Dose über Nacht im Gemüsefach des Kühlschranks lagern. Er sollte aber nach dem Kauf möglichst schnell verzehrt werden.

Schon probiert?

Etwas Marc de Champagne in die Vertiefung vom Käse gießen, einziehen lassen und dann mit einem knusprigen Schinkenbrötchen genießen.

Leerdammer

Milch:

Herkunft:
Niederlande

Getränke-
empfehlung:
Bier, z. B.
Export

TYP: Schnittkäse

HERKUNFT UND VERBREITUNG: In den Niederlanden selbst ist der Käse eher unter dem Namen Maasdammer bekannt. Er wird überall in den Niederlanden hergestellt.

MERKMALE: Der Käse kann auf dem ersten Blick mit dem Emmentaler verwechselt werden. Denn der runde, leicht gewölbte Käselaib und die großen Löcher erinnern an den Schweizer Käse. Der Käse ist jedoch in seinem Umfang wesentlich kleiner. Sein Gewicht variiert zwischen 6 und 14 kg. Er hat eine gelbe, dünne Rinde, die gewachst ist.

HERSTELLUNG: Leerdammer ist ein Käse mit einer noch sehr jungen Historie. Bei der Entwicklung hat der Molkereimeister versucht einen Käse zu kreieren, der die Geschmeidigkeit eines Goudas und das nussige Aroma eines Emmentalers hat. Leerdammer wird aus pasteurisierter Kuhmilch hergestellt und reift innerhalb von 5 Wochen. Er ist damit wesentlich weniger arbeits- und zeitintensiv als seine beiden Vorbilder.

SCHON PROBIERT?

Leerdammer schmeckt sehr lecker auf Toast mit Traubengelee oder Himbeermarmelade.

IN DER KÜCHE

AROMA:
Leerdammer ist ein frischer, milder bis leicht nussiger Käse.

FETTGEHALT:
45 % Fett i. Tr.

VERWENDUNG:
Leerdammer ist ein typischer Käse fürs Butterbrot. Sowohl Weintrauben als auch Tomaten und Essiggurken harmonieren mit diesem Käse.

EINKAUF/LAGERUNG:
Leerdammer finden Sie sowohl im Supermarkt in Folie abgepackt als auch an jeder Käsetheke. Bevorzugt sollten Sie ihn am Stück kaufen oder frisch in Scheiben schneiden lassen. So trocknet er nicht so schnell aus. Zuhause lagern Sie ihn am besten alleine oder mit Käsesorten gleichen Typs mit Pergamentpapier umhüllt in einer Plastikdose im Kühlschrank.

Limburger

Milch:

Herkunft:
Deutschland

Getränke-empfehlung:
Rotwein, z. B. Dornfelder

TYP: Weichkäse

HERKUNFT UND VERBREITUNG: Limburger hat seinen Ursprung in Belgien und ist nach der Provinz Limbourg benannt. Mitte des 19. Jahrhunderts kam der Käse durch belgische Arbeiter ins Allgäu. In der Umgangssprache wird er aufgrund seiner Form und Größe auch »Backsteinkäse« genannt.

MERKMALE: Der Limburger wird als Stange mit einem Gewicht zwischen 200 g und 1 kg auf dem Markt angeboten. Die Rinde ist mit einer klebrigen, rotbraunen Rotschmiere überzogen. Der Teig ist hellgelb, mattglänzend und von weicher, aber schnittfester Konsistenz. Im reifen Zustand ist der Limburger elastisch weich, aber nicht fließend und weist kleine unregelmäßige Löcher auf.

HERSTELLUNG: Für den Limburger wird die Kuhmilch mit Lab eingedickt, dann grob zu Bruch geschnitten und in gelochte Formen gefüllt. Danach wird er mehrfach gewendet. Nachdem die Molke abgeflossen ist, wird er aus der Form genommen und kurz in Salzlake eingelegt. Danach reift er 3 bis 4 Wochen in feuchten Kellern und wird dabei regelmäßig mit Salzlake eingerieben und gewendet. Dadurch wird die Bildung der Rotschmiere gefördert.

IN DER KÜCHE

AROMA:
Der Limburger ist würzig pikant und riecht intensiv nach Käse.

FETTGEHALT:
20 % Fett i. Tr.

VERWENDUNG:
Limburger wird in seiner neuen Heimat gerne auf dunklem Brot mit Kümmelaroma zusammen mit roten Zwiebelringen gegessen. Limburger mit höherem Fettgehalt kann auch zum Überbacken von Kartoffel- oder Gemüsegerichten eingesetzt werden.

EINKAUF/LAGERUNG:
Limburger oder Romadur erhalten Sie an jeder größeren Käsetheke. In einer aromadichten Dose verschlossen lässt sich der Käse ein paar Tage im Kühlschrank lagern.

WUSSTEN SIE ...

Der Romadur, ein Verwandter des Limburger, stammt ursprünglich auch aus Belgien. Er bezeichnete die fettere und pikantere Variante des Limburgers, heute unterscheidet er sich in der Größe und im Geschmack. Die Laibe des Romadurs wiegen zwischen 80 und 180 g, und da sie ebenso lange reifen wie der Limburger, sind sie im Aroma pikanter als ihr größerer Bruder.

Livarot

Aussprache:
Liwaroh

Milch:

Herkunft:
Frankreich

Getränke-empfehlung:
Apfelwein, z. B. Cidre aus der Normandie

TYP: Weichkäse mit gewaschener Rinde

HERKUNFT UND VERBREITUNG: Seinen Ursprung hat dieser Käse in einem sehr kleinem Gebiet, dem Pays d'Auge in der Normandie. Auch heute darf der Livarot, der ein AOC-Siegel hat, nur in den Departements Calvados und Orne produziert werden.

MERKMALE: Der Livarot hat eine gewaschene, rötliche Rinde. Am Rand findet man 5 Streifen, früher von Schnüren aus Weidenholz, heute aus Papier. Aufgrund dieser Streifen trägt er auch den Spitznamen »Colonel«. Der Käseteig ist elastisch und cremefarben. Er hat eine zylindrische Form und ist etwa 5 cm hoch. Es gibt ihn in vier verschiedenen Durchmessern: 12 cm, 10,6 cm, 9 cm und 7 cm. Der Livarot wiegt zwischen 350 und 500 g.

HERSTELLUNG: Die Kuhmilch gerinnt unter Zusatz von Lab. Der Käsebruch wird geschnitten und geknetet. Nach dem Rühren und Abgießen der Molke wird der Käseteig geformt, gesalzen und mehrfach gewendet. Der Livarot lagert mindestens 1 Monat im Reifekeller. In diesem Zeitraum wird er dreimal pro Woche gewaschen und gewendet. Um den Rand werden 5 schmale Streifen Papier gewickelt. Sie sorgen dafür, dass der Käse während der Reifung seine zylindrische Form behält.

IN DER KÜCHE

AROMA:
Livarot riecht ausgeprägt würzig und hat einen herben, leicht säuerlichen und aromatischen Geschmack.

FETTGEHALT:
40 % Fett i. Tr.

VERWENDUNG:
Livarot wird gerne zum Abschluss eines Menüs angeboten. Beliebt ist der Käse auch auf einer Käseplatte. In der warmen Küche findet er kaum Einsatz.

EINKAUF/LAGERUNG:
Den besten Livarot finden Sie ab Herbst bis Frühjahrsende im Fachgeschäft. Er wird unverpackt oder in einer dünnen Holzschachtel verkauft. Er lässt sich am Stück in Pergament eingewickelt und in einer gut verschließbaren Dose über Nacht im Gemüsefach des Kühlschranks lagern. Er sollte aber nach dem Kauf möglichst schnell gegessen werden.

WUSSTEN SIE ....

1877 reiften in etwa 200 Käsekellern 4 1/2 Millionen Livarot. Zu diesem Zeitpunkt stand der Käse ganz oben auf der quantitativen Erfolgsleiter. Er war der meist verzehrte Käse der Normandie. Die Chronisten der damaligen Zeit konnten den Wert jedoch nicht einschätzen. Sie bezeichneten ihn wegen seiner Nahrhaftigkeit und seines Geschmacks als »Fleisch der Armen«.

Mahón-Menorca

Aussprache:
Maon Menorka

Milch:

Herkunft:
Spanien

Getränke-empfehlung:
Weißwein, z. B. Cava

TYP: halbfester Schnittkäse

HERKUNFT UND VERBREITUNG: Die Heimat des Mahón ist die Balearen-Insel Menorca, und der Käse ist nach der Hauptstadt der Insel benannt worden.

MERKMALE: Der Mahón hat die Form eines Quaders mit abgerundeten Ecken. Seine Rinde ist blass oder orangegelb und sie weist bei traditioneller Herstellung dunkle Furchen auf, die auf das Einreiben mit Olivenöl zurückzuführen sind. Der Käseteig ist nur wenig elastisch und glänzend elfenbeinfarbig. Sein Gewicht variiert zwischen 1 und 4 kg.

HERSTELLUNG: Der Mahón wird aus pasteurisierter Kuhmilch hergestellt. Die Milch stammt dabei von folgenden Rinderrassen: Mahonesa, Frisona und Pardo-alpina. Die Milch wird auf etwa 33° C erhitzt und mit tierischem Lab zum Gerinnen gebracht. Nach der Dicklegung wird der Bruch zerkleinert, gerührt, geformt und in Salzlake eingelegt. Er reift anschließend in speziellen Kellern unter regelmäßigem Wenden. Die Mindestreifezeit beträgt 3 Wochen. Den Käse gibt es aber in unterschiedlichen Reifegraden.

HISTORISCHES: Die ersten schriftlichen Zeugnisse über die Herstellung von Käse auf der Insel Menorca stammen aus dem 5. Jahrhundert. Bis zur Belagerung durch die Engländer im 18. Jahrhundert wurde der Käse aus Schafmilch hergestellt. Die Engländer führten robuste Rinderrassen ein, und so wird seit dieser Zeit der meiste Käse auf der Insel aus Kuhmilch hergestellt.

SORTEN: *Mahón* Der junge Käse, der nur 3 bis 9 Wochen gereift ist, hat einen weißen Teig und eine dünne Rinde sowie ein milchiges Aroma.

Mahón semicurado Der halbgereifte Käse ist 2 Monate alt und hat eine orangefarbene Rinde und einen festen Teig mit kleinen Löchern. Sein Geschmack ist relativ intensiv und erinnert an Butter und geröstete Nüsse.

Mahón curado Hierbei handelt es sich um den 6 Monate gereiften Mahón. Er hat ein ausgesprochen pikantes Aroma, eine feste Konsistenz und ist leicht brüchig.

Mahón anejo Dieser Käse reift mindestens 10 Monate und ist daher entsprechend intensiver im Aroma und hat einen harten, brüchigen Teig.

Mahón mit Petersilie

ZUTATEN: 200 g Mahón • 100 g Paniermehl • 2 Eier • 1 EL Milch • 1 Bund glatte Petersilie • Olivenöl • Salz

ZUBEREITUNG: Den Käse in rechteckige Stücke von etwa 2 cm Dicke schneiden und rundherum in Paniermehl wenden. Die Petersilie waschen, trocknen und fein hacken. Die Eier mit der Milch verquirlen und den Käse darin von allen Seiten wenden. Erneut in das Paniermehl drücken. In einer Pfanne reichlich Olivenöl erhitzen und die panierten Käsestücke darin goldbraun ausbacken.
Auf Küchenkrepp abtropfen lassen, mit der fein gehackten Petersilie bestreuen und warm servieren.

SCHON PROBIERT?

Ein Baguette in Scheiben schneiden, in der Pfanne in wenig Butter kurz anrösten, mit dünnen Mahónscheiben belegen, auf ein Backblech setzen und 5–7 Minuten unter den Grill stellen, bis der Käse zu schmelzen beginnt. Dazu passt ein bunter Blattsalat, angemacht mit einer Sherryessig-Vinaigrette – fertig ist eine kleine schnelle Mahlzeit.

In der Küche

Aroma:
Egal wie alt der Mahón ist, typisch ist sein leichter Meeresgeschmack und seine unverfälschte, leicht säuerlich-salzig Note.

Fettgehalt:
38 % Fett i. Tr.

Verwendung:
Der Mahón wird jung zu Brot gegessen werden. Je älter er ist, umso besser eignet er sich auch zum Verfeinern von Aufläufen, Fleischgerichten, Suppen und Saucen. Er ist auch Bestandteil der spanischen Vorspeisen, der Tapas.

Einkauf/Lagerung:
Mahón finden Sie im Käsefachgeschäft oder im spanischen Spezialitätenladen. Dieser Käse ist ganzjährig erhältlich. Er lässt sich gut verpackt im Gemüsefach des Kühlschranks aufbewahren.

Mainzer Käse

Milch:

Herkunft:
Deutschland

Getränke-
empfehlung:
Apfelwein

TYP: Sauermilchkäse

HERKUNFT UND VERBREITUNG: Der Mainzer Käse wurde ursprünglich in Mainz hergestellt, sowie der Harzer am Fuße des Harzes und der Olmützer Quargel in Ölmütz. Seit Ende des 19. Jahrhunderts werden Sauermilchkäse gewerblich produziert, zunächst in diesen Regionen – daher auch die Namen.

MERKMALE: Gemeinsam ist allen deutschen Sauermilchkäsen, dass sie zwischen 20 und 200 g wiegen. Der Teig ist gelb und fest bis geschmeidig. Meist wird er rund geformt und hat eine dünne Rinde, die mit weißem Camembertschimmel oder Rotschmiere überzogen ist.

HERSTELLUNG: Für diesen Käse wird pasteurisierte und entrahmte Kuhmilch verwendet. Diese wird unter Zugabe von Milchsäurebakterien leicht erwärmt. Die dickgelegte Milch wird von der Molke getrennt und in seine jeweils gewünschte Form gebracht. Beim Korbkäse tropfte ursprünglich die Molke im Korb ab, der Handkäse war von Hand geformt. Dem Käseteig wird Salz und eventuell Kümmel zugesetzt, und er reift innerhalb von 1 Woche. Die Oberfläche wird während der Reifung mit Rotschmierekultur oder Camembertschimmel besprüht.

In der Küche

Aroma:

Sauermilchkäse schmeckt mild-aromatisch bis pikant und hat ein eigenständiges säuerliches Aroma. Oft ist ihm Kümmel zugesetzt. Sehr gut durchgereift, hat er einen starken Geruch, den nicht alle Menschen zu schätzen wissen.

Fettgehalt:

0,5 % Fett absolut

Wussten Sie …

Sauermilchkäse ist ein bäuerlicher Käse, der fast genauso alt ist, wie es Viehzucht nördlich der Alpen gibt. Aus überschüssiger Milch produzierten die Bauersleute diesen Käse. Er stellte eine sichere und einfache Möglichkeit dar, überschüssige Milch vor dem Verderb zu bewahren.

Verwendung:

Ob Mainzer Handkäse, Harzer Roller oder Olmützer Quargel und wie sie sonst noch heißen, sie gehören zu einem kräftigen dunklen Brot. Kreative Köche lassen die Käse auch gerne in einem deftigen Salat verschwinden, aber erwärmen sollte man diesen Käsetyp nicht. Handkäse mit Musik ist eine Frankfurter Spezialität und lässt sich schnell nachmachen. Dafür wird der Käse in Essig, Öl, Zwiebeln, Salz und Pfeffer eingelegt.

Einkauf/Lagerung:

Sauermilchkäse erhalten Sie an jeder größeren Käsetheke und auch abgepackt im Kühlregal des Supermarktes. In einer aromadichten Dose verschlossen lässt sich der Käse mehrere Tage im Kühlschrank lagern.

Majorero

Aussprache:
Machoréro

Milch:
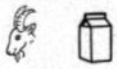

Herkunft:
Spanien

Getränke-
empfehlung:
Rotwein, z. B.
Rioja

TYP: Schnittkäse

HERKUNFT UND VERBREITUNG: Die Heimat des Majorero sind die kanarischen Inseln. Er wird auf Fuerteventura hergestellt.

MERKMALE: Die zylindrischen Laibe des Majorero variieren im Durchmesser zwischen 15 und 35 cm sowie im Gewicht zwischen 1 und 6 kg. Die natürliche Rinde ist mit Gofio, grobem Maismehl, oder Paprikapulver behandelt und daher mehlig weiß oder knallig rot. Der gereifte Käse zeigt auf der Ober- und Unterseite ein typisches Rillenmuster auf, welches auf das Formen mit Palmenblättern zurückgeht.

HERSTELLUNG: Der Majorero wird aus der pasteurisierten Milch der Majorera-Ziegen gewonnen. Diese genügsamen Tiere sind hervorragend an die Gegebenheiten der Insel angepasst und geben eine besonders fetthaltige Milch. Die Milch wird durch Zugabe von Enzymen geronnen. Der Bruch wird anschließend gepresst und reift unterschiedlich lange.

HISTORISCHES: Der Name des Käses stammt von der mittelalterlichen Bezeichnung für die Insel Fuerteventura, »Maxorata«, aus der sich das Adjektiv »majorero« ableitet.

SORTEN: *Majorero tierno* Dieser Käse ist nicht gereift. Es handelt sich um einen Frischkäse, der wie die anderen Majorero aus Ziegenmilch hergestellt und ohne Reifephase gegessen wird.

Majorero semicurado Der halbgereifte Käse ist 3 Monate alt und weist ein intensives Aroma auf.

Majorero curado Hierbei handelt es sich um den 4 Monate gereiften Käse. Röstaromen lassen sich erschmecken.

Mit Käse gefülltes Brot

ZUTATEN: 1 mittelgroßer Laib Weißbrot • 200 g Majorero • 40 g geschälte Walnüsse

ZUBEREITUNG: Einen möglichst hohen Weißbrotlaib wählen und oben eine dicke Scheibe als Deckel abschneiden. Den Laib so aushöhlen, dass das Käsestück ohne Rinde darin Platz findet. Zuerst grob zerkleinerte Walnüsse in die Aushöhlung geben, dann den Käse darauf platzieren. Den verbliebenen Platz mit zerkleinerten Walnüssen ausfüllen und den Brotdeckel auflegen. Den Ofen auf 200° C vorheizen, das Brot ca. 15 Minuten erhitzen, bis der Käse schmilzt. Wird ein sehr großer Brotlaib verwendet, mehrere kleine Käse verwenden und nur 7–10 Minuten im Ofen lassen. Sofort servieren.

Ein großes Brot reicht für 8 Personen. Jeder Esser bricht einfach ein Stück Brotkruste ab und nimmt damit etwas von dem geschmolzenen Käse und den Nüssen im Innern des Brotlaibs auf.

Man kann auch kleine Bauernbrötchen mit derselben Methode mit Käse und Nüssen füllen.

Dazu passt ein kräftiger Rotwein mit einer Note von reifen schwarzen Früchten.

In der Küche

Aroma:
Der Majorero schmeckt leicht pikant und ein wenig säuerlich. Je reifer der Käse ist, umso ausgewogener und intensiver ist sein Ziegenmilchgeschmack. Älterer Käse hat einen Hauch von Schärfe.

Fettgehalt:
55 % Fett i. Tr.

Verwendung:
Der Majorero wird roh im Salat oder aufs Brot gegessen. Je älter er ist, umso besser eignet er sich auch zum Verfeinern von Aufläufen, Fleischgerichten, Suppen und Saucen.

Einkauf/Lagerung:
Majorero finden Sie im Käsefachgeschäft oder im spanischen Spezialitätenladen. Am besten probieren Sie ihn mal vor Ort, falls Sie mal die beliebte Ferieninsel Fuerteventura besuchen. Als gereifter Käse lässt er sich gut verpackt im Gemüsefach des Kühlschranks aufbewahren.

Manchego

Aussprache:
Mantschégo

Milch:

Herkunft:
Spanien

Getränke-empfehlung:
Dessertwein, z. B. Sherry fino

Typ: Hartkäse

Herkunft und Verbreitung: Der Manchego ist der bekannteste Käse Spaniens und wird in die ganze Welt exportiert. Er kommt ursprünglich aus der Region La Mancha, einer weiten Hochebene in Zentralspanien mit besonderen Klimaverhältnissen und Landschaftsformen.

Merkmale: Der Manchego hat eine zylindrische Form mit einem Durchmesser von 25 cm und einer Höhe von 8 cm. Zwischen 2,5 und 3 kg bringt der Käse an Gewicht mit sich. Auffällig ist seine Rinde mit Zickzackmuster und Ährendruck. Die Farbe der Rinde kann gelb oder schwarz sein, dies hängt von der Herstellung ab. Durch das Einlegen in Olivenöl wird seine Rinde schwarz. Der Käseteig ist kompakt und fest und nur wenig elastisch. Die elfenbeinfarbene Masse weist nur wenige Löcher auf.

Herstellung: Der Manchego wird aus pasteurisierter Schafmilch hergestellt. Die Milch stammt ausschließlich vom Manchega-Schaf, einer sehr robusten und gleichzeitig genügsamen Rasse. Die Milch wird unter Zugabe von natürlichem Lab bei einer Temperatur von 28° bis 32° C zum Gerinnen gebracht. Der Bruch wird gerührt, die Molke lässt man abtropfen, und

anschließend wird die Käsemasse abgepresst. Der Bruch wird in zylindrische Formen gefüllt und ein weiteres Mal gepresst. Danach wird er 24 Stunden in Salzlake gelegt. Der gesalzene Käselaib reift bei Temperaturen um die 8° bis 12° C und einer Luftfeuchtigkeit von 80 bis 85 %. Die Reifezeit beträgt mindestens 2 Monate.

HISTORISCHES: Schon Miguel de Cervantes erwähnte in seinem bekannten Werk »Don Quichotte« den Manchego. Er wird beschrieben als ein Käse, der »härter war, als wäre er aus Sand und Kalk gemacht«.

SORTEN: *Manchego curado* ist mindestens 2 Monate gereift und im Teig noch geschmeidiger als älterer Manchego.

Manchego vieja reift mindestens 9 bis 12 Monate in feuchten Reifekellern, während dieser Zeit wird seine Rinde regelmäßig gewaschen.

Manchego con aceite Der Zusatz »con aceite« meint, dass der Manchego in Olivenöl eingelegt worden ist. Zu erkennen ist dies an der dunklen Rinde.

Manchego artesano Trägt ein Käse den Zusatz »artesano«, dann heißt dies nichts anderes, als dass er aus Rohmilch hergestellt wurde.

Zamorano (Aussprache: Samoráno) Dieser Hartkäse stammt aus der zur Region Kastilien-León zählenden Provinz Zamora. Er wird ähnlich wie der Manchego hergestellt, die Milch stammt von den Schafrassen Churra und Castellana. Er muss mindestens 100 Tage reifen und hat dann ein ausgeprägtes würziges Aroma.

SCHON PROBIERT?

QUESO FRITO: 400 g Manchego entrinden und in 2 cm große Würfel schneiden. 2 Eier mit 1 TL Sahne verquirlen, in einer zweiten Schale etwas Paniermehl mit 50 g gemahlenenen Mandeln mischen, Mehl in ein drittes Schälchen geben. Käsewürfel zuerst im Mehl, dann in den Eiern und zum Schluss im Paniermehl wenden. In Olivenöl goldbraun braten. Auf Küchenkrepp abtropfen lassen und heiß servieren.

IN DER KÜCHE

AROMA:
Manchego schmeckt sehr würzig und mit zunehmendem Alter wird er pikanter.

FETTGEHALT:
55 % Fett i. Tr.

VERWENDUNG:
Der Manchego wird für Tapas verwendet, entweder roh gegessen oder paniert und in Öl ausgebacken. Je älter er ist, umso besser lässt er sich reiben. Er eignet sich hervorragend zum Verfeinern von Aufläufen, Fleischgerichten, Suppen und Saucen.

EINKAUF/LAGERUNG:
Manchego finden Sie im Käsefachgeschäft, im spanischen Spezialitätenladen und auch an der Käsetheke eines größeren Supermarktes. Dieser Käse ist ganzjährig erhältlich. Er lässt sich gut verpackt im Gemüsefach des Kühlschranks aufbewahren.

Maroilles

Aussprache:
Maroal

Milch:

Herkunft:
Frankreich

Getränke-empfehlung:
Bier oder Cidre

Typ: Weichkäse mit gewaschener Rinde

Herkunft und Verbreitung: In Norden Frankreichs an der belgischen Grenze liegt die Heimat des Maroilles. Dieser Käse mit AOC-Siegel kommt aus der Picardie, dem südlichen Teil des Departements Nord und dem nördlichen Teil des Departements Aisne.

Merkmale: Der Maroilles hat eine gewaschene, orangegelbe Rinde. Die Form erinnert an einen Pflasterstein. Die Kantenlänge beträgt 13 cm und die Höhe 6 cm. Sein Gewicht liegt bei 720 g. Es gibt ihn noch in drei weiteren Ausführungen. Er trägt dann folgende Namen: Bei einem Gewicht von 540 g heißt er »Sorbais«, 360 g schwer heißt er »Mignon«, und der kleinste mit 180 g wird »Quart« genannt.

Herstellung: Die Kuhmilch wird mit Lab versetzt, dann tropft die Molke ab und der Käse wird geformt und mit Lake abgerieben. Nach dem Ausformen kommt er in einen belüfteten Trockenraum, wo sich innerhalb von 8 bis 10 Tagen ein leichter Schimmelüberzug bildet. Dieser wird durch Abbürsten und Abwaschen entfernt. Danach reift der Käse weitere 3 bis 5 Wochen in Kellern. Nur die Keller von Thiérache ermöglichen die Entwicklung des besonderen Belags und Aromas.

HISTORISCHES: Der Käse kann auf eine 1000-jährige Geschichte zurückblicken und ist vermutlich von Mönchen erfunden worden. Er war der Lieblingskäse vieler berühmter französischer Persönlichkeiten, wie Charles VI. und François I.

NAHE VERWANDTE KÄSESORTEN: *Baguette Laonnaise (Aussprache: Bagett La-onnäs)* Er wird ähnlich wie der Maroilles hergestellt. Er werden 500 g schwere Brote geformt, und der weiche Käseteig ist mit einer ziegelroten Käseflora umhüllt.
Rollet oder *Rollet Coeur (Aussprache: Rollä kör)* Als Zylinder oder Herz geformt stammt dieser Käse auch aus der Picardie und ist ebenfalls ein Weichkäse mit Rotschmiererand, der auf

ähnliche Weise hergestellt wird. Ludwig XIV., der Sonnenkönig, soll ihn besonders gerne gemocht haben.

Dauphin oder *Dauphine (Aussprache: Dofang, Dofihn)* Diese Variante stammt aus Hainaut. Er zeichnet sich durch einen extrem strengen Geruch aus. Der Käse wurde nach dem Sohn und Kronprinzen Ludwig XIV. benannt. Frisch geformter Maroilles wird gemahlen und mit Estragon und Pfeffer vermengt, von Hand geformt und 2 bis 3 Monate gereift.

Käsetarte

ZUTATEN: 275 g Mehl • 4 Eier • Salz • 150 g Butter • 150 g durchwachsener Speck • 250 g Schmand • Pfeffer • 250 g Maroilles

ZUBEREITUNG: Mehl, 1 Ei, Salz und Butter verkneten, zugedeckt 20 Minuten kühl stellen. Inzwischen den Speck würfeln. Schmand, restliche Eier, Salz und Pfeffer verquirlen. Käse in Scheiben schneiden. Teig auf einer bemehlten Arbeitsfläche zu einem Kreis ausrollen, in eine gefettete Tarteform (28 cm Durchmesser) legen und den Rand fest drücken. Teig mit einer Gabel mehrmals einstechen. Speck auf den Teig geben und den Schmandguss darauf gießen. Tarte im vorgeheizten Backofen bei 200° C ca. 45 Minuten auf der unteren Schiene backen. Nach 15 Minuten der Backzeit den Käse auf die Tarte geben.

IN DER KÜCHE

AROMA:

Maroilles riecht ausgeprägt kräftig. Er hat daher den Beinamen »vieux puant«, was »alter Stinker« heißt, bekommen. Je reifer er ist, umso würziger und kräftiger ist er im Geschmack.

FETTGEHALT:

45 % Fett i. Tr.

VERWENDUNG:

Der Maroilles lässt sich in drei Stufen verzehren: ungereift als »blance«, mittelreif als »blondins« und vollreif als »vieux«. Eine ganze Reihe regionaler Gerichte werden mit diesem Käse zubereitet, besonders gerne Käsetartes. Er ist natürlich auch ein idealer Begleiter zum Schluss eines Menüs.

EINKAUF/LAGERUNG:

Den besten Maroilles finden Sie ab Herbst bis Frühjahr im Fachgeschäft. Er wird unverpackt verkauft und lässt sich am Stück in Pergament eingewickelt und in einer gut verschließbaren Dose über Nacht im Gemüsefach des Kühlschranks lagern. Er sollte aber nach dem Kauf möglichst schnell gegessen werden.

Mascarpone

Aussprache:
Maskarpone

Milch:

Herkunft:
Italien

Getränke-empfehlung:
moussierender Weißwein, z. B. Prosecco

TYP: Frischkäse

HERKUNFT UND VERBREITUNG: Mascarpone stammt aus der Lombardei und wird vor allem in der Gegend um Lodi und Abbiategrasso hergestellt.

MERKMALE: Der von der Konsistenz quarkähnliche Mascarpone wird lose, in Behälter verpackt oder in Folie eingeschweißt auf dem Markt angeboten. Sein weißlich-gelber Teig ist cremig und streichfähig.

HERSTELLUNG: Für den Mascarpone wird Sahne mit einem Fettgehalt von 30 % auf 90° C erhitzt und mithilfe von Zitronensaft zum Gerinnen gebracht. Danach lässt man die Masse abtropfen und auskühlen und füllt sie dann für den Verkauf ab.

HISTORISCHES: Einst wurde er ausschließlich im Herbst und im Winter hergestellt und unverpackt oder in 100 bis 200 g Portionen in kleinen Stoffbeutelchen verkauft. Heute ermöglichen die modernsten Kühltechniken und seine Lagerung seinen Verzehr das ganze Jahr über. Die Ursprünge dieser Käsesorte sind unbekannt, auch wenn ihre Herstellung und ihr Gebrauch einige Jahrhunderte zurückgehen.

IN DER KÜCHE

AROMA:
Mascarpone schmeckt angenehm mild und duftet herrlich nach frischer Sahne.

FETTGEHALT:
60 % Fett i. Tr.

VERWENDUNG:
Kein Original-Tiramisu ohne Mascarpone. Er ist Bestandteil vieler norditalienischer Süßspeisen, aber es werden mit ihm auch pikante Speisen wie Saucen, Pastagerichte oder Risotto verfeinert.

EINKAUF/LAGERUNG:
Mascarpone erhalten Sie abgepackt und eingeschweißt im Kühlregal eines größeren Supermarktes. Er sollte im Kühlschrank gelagert werden und nach dem Öffnen gut verschlossen in den Kühlschrank zurückgestellt werden.

Mondseer

Milch:

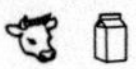

Land:
Österreich

Getränke-empfehlung:
Weißwein, z. B. Grüner Veltiner

TYP: Schnittkäse

HERKUNFT UND VERBREITUNG: Die Heimat dieses Käses ist das Mondseeland; es liegt im Westen des Salzkammergutes.

MERKMALE: Der Mondseer ist ein 1 kg schwerer, runder Käse. Seine Kantenhöhe beträgt etwa 6 cm und er hat eine rötliche, trockene Rinde. Der Teig ist fest und weist kleine Löcher auf.

HERSTELLUNG: Der Mondseer wird aus der Milch von Kühen gewonnen, die auf keinen Fall mit Silo gefüttert werden dürfen. Die dickgelegte Milch wird in erbsengroße Körner geschnitten und in Form gebracht. Der Käse reift 4 bis 6 Wochen in Kellern und wird mit Rotkulturen und Salzlake eingerieben. Vor dem Verpacken wird die Rotschmiere entfernt und die Rinde getrocknet.

HISTORISCHES: Der Mondseer Käse, auch Mondseer Schachtelkäse genannt, ist seit 1818 im Salzburger Gebiet bekannt. Vermutlich wurde er erstmals im Schloss Hüttenstein hergestellt. Den Namen Mondseer führt dieser Käse aber erst seit 1955, bis dahin wurde er einfach Schachtelkäse genannt.

IN DER KÜCHE

AROMA:

Mondseer schmeckt pikant und würzig.

FETTGEHALT:

45 % Fett i. Tr.

VERWENDUNG:

Der Mondseer wird gerne als Stärkung zwischendurch mit einem dunklen Bauernbrot, etwas Speck und Tomaten gegessen. Er eignet sich auch zum Kochen, sollte aber aufgrund seines würzigen Aromas vorsichtig dosiert werden.

EINKAUF/LAGERUNG:

Mondseer finden Sie nur im Käsefachgeschäft. In Österreich ist der heimische Käse auch in den kleinen Molkereigeschäften zu finden. Der Mondseer kann am Stück in einer Plastikdose gut verpackt ein paar Tage im Kühlschrank gelagert werden.

Montasio

Milch:

Herkunft:
Italien

Getränke-empfehlung:
Weißwein, z. B. Pinot Grigio

TYP: Hartkäse

HERKUNFT UND VERBREITUNG: Der Montasio wird in der Region Friaul/Julisch-Venetien und den Provinzen Belluno und Treviso sowie Teilen der Provinzen Padua und Venedig produziert.

MERKMALE: Der Montasio ist ein runder Käse mit einer Randhöhe von 8 cm, einem Durchmesser von 30 bis 35 cm und einem Gewicht zwischen 6 und 8 kg. Seine Rinde ist glatt und gleichmäßig. Als Tafelkäse besitzt er einen kompakten Teig mit geringer Lochung und hat eine natürliche leicht strohgelbe Farbe. Als Reibekäse ist er bröckelig und strohfarben; er hat wenige und sehr kleine Löcher.

HERSTELLUNG: Der Montasio wird ausschließlich aus Kuhmilch, die aus maximal vier Melkungen stammt, hergestellt. Die Milch gerinnt durch Lab, und der Bruch wird unter Rühren ein weiteres Mal erwärmt. Nach dem Formen und Pressen werden die Laibe trocken oder in einer Lake gesalzen. Sie reifen bei 8° C an den ersten 30 Tagen und danach bei höheren Temperaturen. Die Portionierung des Käses ist nur bei einer Reifung von mindestens 60 Tagen erlaubt. Als Tafelkäse reift er 2 bis 5 Monate, als Reibekäse mindestens 12 Monate.

IN DER KÜCHE

AROMA:
Der Montasio ist im Geschmack aromatisch und würzig. Mit fortgeschrittener Reifung schmeckt er kräftiger.

FETTGEHALT:
40 % Fett i. Tr.

VERWENDUNG:
Jung wird der Montasio zu Brot gegessen. Gereifter Montasio wird vorwiegend zum Überbacken verwendet.

EINKAUF/LAGERUNG:
Montasio finden Sie im Käsefachgeschäft oder im italienischen Spezialitätenladen. Er lässt sich gut verpackt im Gemüsefach des Kühlschranks aufbewahren.

Mont d'Or

Aussprache:
Mong dohr, Waschräng dü Oh-Du

Milch:

Herkunft:
Frankreich

Getränke-empfehlung:
Weißwein, z. B. Riesling

Typ: Weichkäse mit Weißschimmel

Herkunft und Verbreitung: Der Mont d'Or, auch Vacherin du Haut-Doubs, genannt, stammt aus dem Osten Frankreichs in der Nähe der Schweizer Grenze. Die Heimat des Käses befindet sich zwischen der Quelle des Doubs, der Schweizer Grenze und dem Doubs-Wasserfall. Ferner werden noch 700 Höhenmeter als Mindesthöhe für den Standort der Kühe und Molkereien angegeben.

Merkmale: Auf den ersten Blick erkennt man diesen Käse an seiner Verpackung. Der Mont d'Or ist von einem Streifen Fichtenrinde umhüllt und wird in einer Schachtel aus Tannen- oder Fichtenholz verkauft. Er hat die Form eines kleinen Rades, seine Größe variiert. Bei einem Durchmesser von 20 bis 30 cm und einer Höhe von 3 bis 5 cm schwankt sein Gewicht zwischen 500 g und 3 kg.

Herstellung: Die Milch für den Mont d'Or stammt ausschließlich von den Rinderrassen Monbéliard oder Simmentaler. Dieser Käse wird noch handwerklich und zwar im Zeitraum vom 15. August bis 31. März hergestellt. Die Milch wird mit Lab versetzt, der Bruch wird nach dem Ausformen in einem Reifen aus Fichtenholz gefasst. Der Käse reift in Kellern auf

Fichtenholzbrettern. Er wird häufig gewendet und mit Salzwasser abgerieben. Nach mindestens 3 Wochen Reifezeit wird er in Holzschachteln verpackt.

Historisches: Käsereien gibt es in der Region Haut-Doubs seit dem 14. Jahrhundert. Vermutlich ist in diesem Zeitraum auch der Mont d'Or erfunden worden und zwar von Bauern des Mont d'Or-Massivs. Unter der Schirmherrschaft der Abteien von Saint-Claude und Montbenoît wurden die

Hochebenen des Jura urbar gemacht, die Almwirtschaft eingeführt und die Rinderzucht und Milchproduktion damit gefördert.

ANDERER MONT D'OR: Vacherin Mont d'Or aus der Schweiz wird nahezu identisch wie der Vacherin du Haut-Doubs hergestellt. Die Käsereien, die diesen Käse herstellen, sind auf der Schweizer Seite des Jura in der Gegend des Lacs de Joux angesiedelt. Daher heißt dieser Käse manchmal auch Mont d'Or de Joux.

SCHON PROBIERT?

MINI-FONDUE FÜR EILIGE: **Den Käse mit etwas Weißwein begießen, mit Alufolie umwickeln und im heißen Ofen etwa 10 Min. schmelzen lassen. Den Deckel abschneiden und knuspriges Baguette hineintunken. Dazu ein Gläschen frischen Weißwein – was will man mehr!**

In der Küche

Aroma:
Der Mont d'Or hat einen leicht säuerlichen und herben sowie vollmundigen Geschmack. Er riecht leicht harzig.

Fettgehalt:
45 % Fett i. Tr.

Verwendung:
Der Mont d'Or wird im Ganzen gekauft und nach einem Menü mit einem Teelöffel gegessen. Er wird aber auch zum Überbacken oder Verfeinern von Suppen und Saucen verwendet.

Einkauf/Lagerung:
Mont d'Or finden Sie im Käsefachgeschäft. Er lässt sich am Stück gut verpackt für kurze Zeit im Gemüsefach des Kühlschranks aufbewahren.

Morbier

Aussprache:
Morbieh

Milch:

Herkunft:
Frankreich

Getränke-empfehlung:
Weißwein, z. B Sancerre

TYP: Schnittkäse

HERKUNFT UND VERBREITUNG: Dieser Käse hat nach 10 Jahren strenger Prüfung das AOC-Siegel im Jahr 2001 erhalten und unterliegt seither ebenfalls strengen Produktionsvorschriften. So erstreckt sich das Produktionsgebiet auf die Departements Jura und Doubs sowie einige Gemeinden der Departements Ain und Saône et Loire.

MERKMALE: Der Bergkäse hat die Form eines Mühlrades mit 35 bis 40 cm Durchmesser und eine Höhe von 6 bis 8 cm. Sein Gewicht liegt zwischen 8 und 10 kg. Seine Rinde ist blassgrau bis orangefarben und natürlich gereift. Angeschnitten lässt er sich leicht von anderen Bergkäse unterscheiden, denn er hat mittig einen waagerechten, dunklen Aschestrich.

HERSTELLUNG: Nach einer Übergangsregelung darf für den Morbier nur noch Rohmilch verwandt werden. Sie stammt von den Kuhrassen Monbéliard und Pie rouge de l'Est, die mit dem Gras und den Kräutern der Bergwiesen gefüttert werden. Der Käsebruch wird erwärmt und dann gepresst. Der Käse muss mindestens 45 Tage bei 7° bis 15° C reifen. Er kann aber auch bis zu 9 Wochen reifen. Je länger er reift, desto feiner und cremiger wird der Käse

IN DER KÜCHE

AROMA:
Morbier ist geruchlos und hat einen milden Geschmack mit einer leicht nussigen und heuigen Nuance.

FETTGEHALT:
45 % Fett i. Tr.

VERWENDUNG:
Morbier serviert man vor allem zu kräftigem Bauernbrot. Aber auch in der warmen Küche findet er zum Überbacken von Gemüse oder in pikanten Kuchen Verwendung.

EINKAUF/LAGERUNG:
Morbier finden Sie an Käsetheken und im Fachgeschäft. Er lässt sich am Stück gut verpackt im Kühlschrank lagern. Wie jeder angeschnittene Käse sollte er nach dem Kauf nicht zu lange aufbewahrt werden.

WUSSTEN SIE ...

Der Kohlestrich stammt aus den Anfängen der Geschichte des Morbier vor über 200 Jahren. In den stark verschneiten Wintermonaten konnten die Bauern der einsam gelegenen Gehöfte die Milch nicht zur Molkerei liefern. Die Milchmenge war aber zu klein, um daraus einen ganzen Käse herzustellen. Damit der Bruch aus der Morgenmilch bis zum Abend keine Kruste bildete, bestäubte man ihn mit Asche und gab abends den Bruch vom zweiten Melkgang dazu. Heute wird Pflanzenasche verwendet.

Mozzarella

Aussprache:
Mottsarella

Milch:

Herkunft:
Italien

Getränke-empfehlung:
Weißwein, z. B. Pinot Grigio

Typ: Filata-Käse

Herkunft und Verbreitung: Der Mozzarella kommt ursprünglich aus Italien. Er wird heute in der ganzen Welt produziert. Mozzarella di bufala campana ist ursprungsgeschützt und kommt aus Kampanien oder Latium.

Merkmale: Die meist bekannte und verwendete Form des Mozzarella ist eine runde Kugel. Es sind auch andere für das Produktionsgebiet typische Formen erlaubt, wie z. B. die »Bocconcini« (= mundgerechte Bissen), Zöpfe und Perlen, »Ciliegine« (= kleine Kirschen), »Nodini« (= kleine Knoten). Als kleine Laibe oder auch in großen Blöcken wird er für die Gastronomie produziert. Sein Gewicht schwankt je nach Form zwischen 20 und 800 g. Seine Farbe ist porzellanweiß. Er hat eine hauchdünne Rinde von 1 mm Dicke und eine glatte Oberfläche. Der Käseteig ist leicht elastisch und von homogener Konsistenz.

Herstellung: In der Käserei wird die Milch auf eine Temperatur von 33° bis 36° C erhitzt. Die Dicklegung erfolgt durch das Zusetzen von Lab und Milchfermenten. Der Käsebruch wird zu haselnussgroßen Körnern geschnitten. Die anschließende 5 Stunden andauernde Reifung erfolgt in Molke.

Danach wird die Masse in Streifen geschnitten und in spezielle Behälter gefüllt, in denen sie unter Zugabe von 95° C heißem Wasser gezogen und geschnitten wird, so dass die einzelnen Stücke die gewünschte Form und Größe erhalten. Es folgen das Kühlen in kaltem Wasser, das Salzen in Lake und das Abpacken der Käselaibe.

VARIANTEN: *Mozzarella di bufala campana* wird ausschließlich aus Büffelmilch produziert. Die Büffelherden müssen der lokalen Tradition entsprechend gehalten werden, aus der Region stammen, der mediterranen Rasse angehören und im lokalen Viehregister eingetragen sein. Die Milch wird innerhalb

von 16 Stunden nach der Melkung an die Käserei mit einem Fettgehalt von mindestens 7 % geliefert.
Mozzarella di bufala campana affumicata Der Zusatz »affumicata« bedeutet »geräuchert«. Der Mozzarella darf nur im natürlichen und traditionellen Verfahren geräuchert werden.

Gebackene Mozzarella-Crostini

ZUTATEN: 8 Scheiben Weißbrot • 300 g Mozzarella • 2 Eier • Sonnenblumenöl • Mehl • Paniermehl • Salz und Pfeffer

ZUBEREITUNG: Die Eier verquirlen, mit Pfeffer und Salz würzen, Mozzarella in dünne Scheiben schneiden und mit Mehl bestäuben. Die Weißbrotscheiben im Mehl wenden, Weißbrotscheiben und Mozzarella im Ei wenden, je eine Scheibe Mozzarella zwischen zwei Brotscheiben legen, zusammen in Paniermehl wenden und im heißen Öl goldbraun backen.

In der Küche

Aroma:

Mozzarella hat einen mild-säuerlichen, milchigen bis neutralen Geschmack.

Fettgehalt:

45 % Fett i. Tr.

Verwendung:

Roh ist Mozzarella als Insalata Caprese zusammen mit Tomaten, Basilikum, Pfeffer und Olivenöl ein Klassiker, aber auch kleinere Kugeln eingelegt in Kräuter, Knoblauch und Öl ergeben eine leckere Vorspeise. Zum Überbacken von Pizza oder Pastagerichten ist dieser Käse äußerst beliebt. Der Klassiker unter den Pizzen, die Margherita, ist ohne Mozzarella nicht denkbar.

Einkauf/Lagerung:

Mozzarella finden Sie in Lake und Folie eingeschweißt in der Kühltheke jedes Lebensmitteldiscounters. Den Mozzarella di bufala erhalten Sie nur im Fachgeschäft. Geöffnet ist er in der Lake nur einige Tage im Kühlschrank lagerbar.

Munster

Aussprache:
Münstähr

Milch:

Herkunft:
Frankreich

Getränke-empfehlung:
Weißwein, z.B Gewürztraminer

TYP: Weichkäse mit gewaschener Rinde

HERKUNFT UND VERBREITUNG: Die Heimat dieses Käses sind die Vogesen im Osten von Frankreich. In den sieben Departements Bas-Rhin, Haut-Rhin, Vosges, Meurthe-et-Moselle, Moselle, Haute Saône und Territoire de Belfort darf der weltberühmte Käse mit AOC-Siegel hergestellt werden.

MERKMALE: Dieser Weichkäse hat eine gewaschene Rinde mit einer Rotschimmelkultur. Es gibt ihn in zwei Größen. Er hat eine runde Form und einen Durchmesser von 13 bis 19 cm bei einer Höhe von 2,4 bis 8 cm. Das Gewicht liegt bei mindestens 450 g und darf die 1500 g nicht übersteigen. Die zweite Variante heißt Petit Munster. Er wiegt mindestens 120 g und hat einen Durchmesser von 7 bis 12 cm und eine Höhe von 2 bis 6 cm. Der Käseteig ist cremig und geschmeidig und von gelber Farbe.

HERSTELLUNG: Munster wird aus Kuhmilch hergestellt. Diese wird durch den Zusatz von Lab dickgelegt. Der Bruch wird weder gewaschen noch geknetet. Er wird in Formen gegeben, und die Molke kann langsam abtropfen. Danach wird er aus der Form genommen und gesalzen. Ein Munster muss mindestens 21 Tage im Reifekeller lagern. Ein Petit Munster darf

schon nach 14 Tagen den Reifekeller verlassen. Während der Reifezeit wird der Munster alle 2 Tage gewaschen und gewendet.

HISTORISCHES: Wie viele andere französischen Käse wurde auch der Munster von Mönchen erfunden. Im Jahr 660 gründeten Benediktinermönche im Elsass ein Kloster, um das sich schnell ein Dorf bildete. Dieses wurde in Anlehnung an das lateinische Wort für Kloster – Monasterium – Munster genannt. Für ihre Kühe suchten die Mönche die reichhaltigsten Weiden der Vogesen aus. Mit der Zeit drangen sie immer weiter nach Westen vor und ließen ihre Kühe auch jenseits der Höhenzüge in

Lothringen grasen. 1285 gründeten Elsässer und Lothringer dort zusammen eine neue Stadt namens Sancti Gerardi Mare, die im Volksmund zu Gérardmer – ausgesprochen Géromé – wurde. Schon bald hatten die Lothringer sich das Käsemachen abgeguckt und stellten den gleichen Käse mit dem Namen Géromé her. Auch heute noch heißt der Käse im Elsass Munster, während er westlich des Gebirgskamms in Lothringen Géromé genannt wird. Beide teilen sich ein AOC-Siegel.

Kartoffeln mit Munster

ZUTATEN: 1,5 kg neue Kartoffeln • 1 Zwiebel • 1 Knoblauchzehe • 150 g gekochter Schinken • 2 Zweige Petersilie • 1 Zweig Bohnenkraut • 200 g Munster • 20 g Butter • 1 EL Sonnenblumenöl • Salz, Pfeffer und Muskat

ZUBEREITUNG: Kartoffeln schälen, in feine Scheiben schneiden, in Butter und Öl etwa 25 Minuten goldbraun braten, die gehackten Zwiebeln mit der zerdrückten Knoblauchzehe dazugeben, mit Salz, Pfeffer und Muskat würzen. Noch etwa 5 Minuten weiter braten. Den Schinken in Streifen schneiden, die Kräuter hacken und alles unter die Kartoffeln heben. In eine gefettete Auflaufform füllen, mit dicken Scheiben Munsterkäse belegen und im heißen Ofen unterm Grill überbacken. Dazu passt ein knackiger grüner Salat.

IN DER KÜCHE

AROMA:
Munster hat einen typischen Geruch und einen ausgeprägt würzigen und kräftigen Geschmack. Je reifer er wird, desto strenger ist sein Geruch und umso würziger sein Aroma.

FETTGEHALT:
45 % Fett i. Tr.

VERWENDUNG:
Munster serviert man mit Kümmel, und dazu werden auch gerne kräftige Bauernbrote mit Kümmelzusatz gereicht. Regionale Spezialitäten sind Pellkartoffeln mit Munster oder auch Omelette oder Quiche mit diesem Käse.

EINKAUF/LAGERUNG:
Munster finden Sie an Käsetheken mit großer Vielfalt oder auch im Fachgeschäft. Er lässt sich am Stück in Pergament eingewickelt und gut verschlossen in einer Plastikdose im Gemüsefach des Kühlschranks mehrere Tage aufbewahren.

Neufchatel

Aussprache:
Nöschatell

Milch:

Herkunft:
Frankreich

Getränke-empfehlung:
Apfelwein, z. B Cidre

TYP: Weichkäse mit Weißschimmel

HERKUNFT UND VERBREITUNG: Der Ursprung dieses Käses liegt in der Boutonnière du Pays de Bray. Es handelt sich um eine schmale windgeschützte Ebene zwischen den Kalkfelsen der Haute-Normandie. Der durch das AOC-Siegel herkunftsgeschützte Käse darf nur aus dem Departement Seine-Maritime, gelegen in der östlichen Normandie, kommen.

MERKMALE: Neufchatel wird von einer flaumigen, weißen Edelschimmelrinde umhüllt. Er ist in sechs Varianten erhältlich: Aus bäuerlicher Herstellung wird der Neufchatel auf einer Strohunterlage präsentiert. Als Molkereikäse ist er in Papier eingewickelt.

HERSTELLUNG: Für den Neufchatel wird die Kuhmilch mit Lab versetzt und gerinnt in 24 bis 36 Stunden. Danach wird der Käsebruch leicht gepresst, damit die Molke schneller abfließen kann. Der Käseteig wird mit zerkleinertem, vom Edelschimmelflaum überzogenem Käse vermengt und so lange gerührt, bis eine homogene Masse entsteht. Danach wird die Käsemasse in die gewünschte Form gebracht und gesalzen. Er reift zwischen 10 und 12 Tagen in Kellern.

IN DER KÜCHE

AROMA:
Neufchatel hat einen delikaten pilzartigen, leicht pikanten und säuerlichen Geschmack.

FETTGEHALT:
45 % Fett i. Tr.

VERWENDUNG:
In Herzform ist der Neufchatel ein Blickfang auf jeder Käseplatte. Zum Kochen wird der Käse nur wenig verwendet.

EINKAUF/LAGERUNG:
Neufchatel finden Sie im Käsefachgeschäft. Er lässt sich am Stück in Pergament eingewickelt und in einer Plastikdose verschlossen im Gemüsefach des Kühlschranks aufbewahren.

DIE VARIANTEN:

Das Herz misst 10 cm von Rundung zu Rundung bei einer Höhe von 3,2 cm. Als großes Herz kann man ihm jeweils 2 cm Zuschlag geben. Als zylindrischer Zapfen hat er einen Durchmesser von 4,5 cm bei 6,5 cm Höhe. Als Doppelzapfen wächst er 8 cm hoch hinaus und hat einen Durchmesser von 5,8 cm. Als Quadrat hat er eine Kantenlänge von 6,5 cm bei 2,4 cm Höhe, als Brikett 7 cm Länge, 5 cm Breite und 3 cm Höhe.

Ossau-Iraty Brebis-Pyrénées

Aussprache:
Ossoh-Irati Bröhbie-Pirenee

Milch:

Herkunft:
Frankreich

Getränke-empfehlung:
Rotwein, z. B. Côtes du Rhône; würzige Weiß-weine, z. B. Jurançon oder Madiran

TYP: Schnittkäse

HERKUNFT UND VERBREITUNG: Die Heimat des Ossau-Iraty Brebis-Pyrénées ist das Béarn und das Baskenland im äußersten Südwesten Frankreichs mit dem Departement Pyrénées-Atlantiques und einem kleinen Teil von Hautes-Pyrénées.

MERKMALE: Der Ossau-Iraty Brebis-Pyrénées hat die Form eines geraden oder leicht konvexen Zylinders mit einem Durchmesser von 26 cm und einer Höhe von 12 bis 14 cm. Sein Gewicht schwankt in der Regel zwischen 4 und 5 kg. Als Bauernkäse darf er bis zu 7 kg wiegen. Als Petit Ossau-Iraty bringt die kleine Variante 2 bis 3 kg auf die Waage. Der Käse hat eine dicke, orangegelbe bis graue Rinde, der Teig ist glatt und weiß sowie von fester Konsistenz.

HERSTELLUNG: Der Ossau-Iraty Brebis-Pyrénées wird traditionell hergestellt. Die Schafsmilch wird mit Lab versetzt, der Bruch wird mit einem Quirl gerührt und manuell oder maschinell in Formen gefüllt und gepresst. Die Laibe werden mit grobem Salz gesalzen und mindestens 3 Monate bei Temperaturen von unter 12° C und einer Luftfeuchtigkeit von über 80 % gereift.

In der Küche

Aroma:
Der Ossau-Iraty Brebis-Pyrénées hat einen nussartigen, pflanzlichen Geschmack mit einem dezenten Schafaroma und riecht kaum.

Fettgehalt:
50 % Fett i. Tr.

Verwendung:
Der Ossau-Iraty Brebis-Pyrénées wird in seiner Heimat von Schäfern und Bauern traditionell als zweites Frühstück gegessen. Er lässt sich mit zunehmender Reife hervorragend reiben und eignet sich daher auch zum Überbacken von Gratins und Aufläufen sowie als Geschmackszugabe bei Suppen.

Einkauf/Lagerung:
Den Ossau-Iraty Brebis-Pyrénées finden Sie nur selten in Deutschland im Käsefachgeschäft. Die beste Zeit für diesen Käse ist der Frühsommer bis Herbst. Der Käse lässt sich gut verpackt im Kühlschrank länger lagern.

Wussten Sie …

Sein Name erinnert an die beiden Ursprungsprovinzen Béarn und Pays Basque. Die Gegend ist großteils gebirgig, von tiefen Tälern durchzogen und mit dichtem Wald bedeckt. Von jeher wurden Manech- und Basco-Béarnaise-Schafe in dieser regenreichen Landschaft gehalten. Mit ihrer Milch wird seit langem dieser Schnittkäse hergestellt.

Parmigiano Reggiano

Aussprache:
Parmidschano Rädschano

Milch:

Herkunft:
Italien

Getränke-empfehlung:
Rotwein, z. B. Lambrusco

TYP: Hartkäse

HERKUNFT UND VERBREITUNG: Der Parmigiano Reggiano ist in der ganzen Welt unter dem Namen Parmesan bekannt. Der Käse mit DOC-Siegel wird ausschließlich in den Provinzen Bologna, Modena, Parma, Reggio Emilia und Montova hergestellt.

MERKMALE: Der Parmigiano Reggiano hat eine zylindrische Form mit leicht konvexem Rand. Sein Durchmesser beträgt 35 bis 45 cm und seine Randhöhe 18 bis 24 cm. Er wiegt mindestens 24 kg. Die Rinde hat eine natürlich goldgelbe Farbe und ist etwa 6 mm dick. Der Käseteig ist strohgelb, von der Konsistenz feinkörnig und zersplittert beim Zerteilen.

HERSTELLUNG: Der Parmigiano Reggiano wird aus Milch von Kühen hergestellt, die nach einem vorgeschriebenen Futterplan ernährt werden. Vor allem mit Grünfutter von Wiesen mit verschiedenen Pflanzenarten und von Luzernenfeldern aus dem Ursprungsgebiet werden die Kühe gefüttert. Silage und vergorenes Viehfutter sind verboten. Für die Herstellung wird die abgestandene und teilentrahmte Milch aus der Abendmelkung zusammen mit der Milch aus der Morgenmelkung verwendet. Nach dem Zusatz von natürlicher Molke,

die reich an Milchsäurebakterien ist, wird das Kalbslab hinzugefügt. Die dickgelegte Milch wird in kleine Körner geschnitten und erhitzt. Es werden keine Zusatzstoffe verwendet. Nach einigen Tagen wird der Käse etwa 20 bis 25 Tage gesalzen. Die anschließende Reifung dauert mindestens 12 Monate. Die optimale Reifezeit ist erst nach 20 bis 24 Monaten erreicht.

REIFESTUFEN DES PARMIGIANO REGGIANO: *Giovane* oder *fresco* Nach einer 14 monatigen Reifezeit darf sich der Parmigiano Reggiano als »frisch« bezeichnen.

Vecchio Nach 18 bis 24 Monaten darf sich der Parmigiano Reggiano mit dem Zusatz »vecchio« schmücken. Er meint nichts anderes als »alt«.

Stravecchio ist ein gereifter Parmigiano Reggiano. Nach 2 bis 3 Jahren darf er diesen Beinamen tragen.

Stravecchione Ein Parmigiano Reggiano mit diesem Zusatz ist 3 bis 4 Jahre gereift, und er bedeutet übersetzt »extra alt«.

Grüne Lasagne mit Pesto

Zutaten: 1 Bund Basilikum • 3 Knoblauchzehen • 175 g geriebener Parmesan • 2 EL Pinienkerne • 200 ml Olivenöl • Salz und Pfeffer • 50 g Butter • 50 g Mehl • 500 ml Milch • 500 g grüne Lasagneblätter

Zubereitung: Knoblauch schälen, pressen, mit den Basilikumblättern, 75 g Parmesan und Pinienkernen im Mixer fein hacken, Öl in dünnem Strahl zugießen, mit Pfeffer und Salz würzen.

Für die Béchamel die Butter aufschäumen, Mehl darin anschwitzen und mit Milch ablöschen, 5 Minuten unter Rühren köcheln lassen. Mit Salz und Pfeffer abschmecken. Zwei Drittel der Béchamel mit Pesto mischen und einige Löffel Nudelwasser unterrühren. Den Boden einer gebutterten Auflaufform mit Lasagneblättern belegen, etwas Pesto-Béchamelsauce darauf streichen, mit etwas Parmesan bestreuen und einige Butterflöckchen darauf setzen. So fortfahren, bis alle Nudelblätter aufgebraucht sind. Restlichen Parmesan mit Béchamel verrühren und über die Lasagne geben, mit Butterflöckchen belegen.

6 Stunden an einem kühlen Ort durchziehen lassen, dann bei 200° C im Backofen 25–30 Minuten backen.

In der Küche

Aroma:

Der Parmigiano Reggiano hat einen würzigen, pikanten, aber keinen scharfen Geschmack.

Fettgehalt:

32 % Fett i. Tr.

Verwendung:

Gerieben und über Pasta, Suppen und andere Gerichte gestreut, ist der Parmigiano Reggiano jedem bekannt. Aber auch als dünne Späne verfeinert er Salate und ist eine klassische Beigabe zu Bresaola oder Carpaccio. Gerne wird er mit dem milden Mozzarella oder anderen wenig geschmacksintensiven Käsesorten vermengt. In Italien werden aber auch kleine, zerbröckelte Stückchen als Appetithäppchen serviert.

Einkauf/Lagerung:

Parmigiano Reggiano erhalten Sie eingeschweißt im Kühlregal gut sortierter Supermärkte und auch an Käsetheken mit größerer Auswahl. Sie sollten ihn immer am Stück kaufen und selbst reiben, so bleibt er intensiver im Aroma und ist auch länger haltbar. Am Stück in Pergamentpapier und Alufolie eingewickelt lässt er sich über 1 bis 2 Monate lagern.

Passendale

Aussprache:
Passongdal

Milch:

Herkunft:
Belgien

Getränke-
empfehlung:
Rotwein, z. B.
Dornfelder

TYP: halbfester Schnittkäse

HERKUNFT UND VERBREITUNG: Die Heimat des Passendale ist Westflandern in Belgien. Dort wird er oft als Bauernkäse bezeichnet.

MERKMALE: Der Passendale hat von der Form und Größe das Aussehen eines Bauernbrotes. Sein Gewicht liegt bei 3 kg. Seine Rinde ist dunkelgelb und leicht mit einer weißen Schimmelflora bedeckt. Der Käseteig ist eidottergelb und geschmeidig und weist eine typische Bruchlochung auf.

HERSTELLUNG: Der Passendale wird aus pasteurisierter Kuhmilch hergestellt. Die Milch wird mit Lab dickgelegt und der Bruch zerschnitten. Der Bruch wird in Brotform gebracht und gesalzen. Danach reift der Käse mindestens 45 Tage bei mäßiger Luftfeuchtigkeit.

IN DER KÜCHE

AROMA:
Der Passendale schmeckt mild-würzig bis pikant.

FETTGEHALT:
50 % Fett i. Tr.

VERWENDUNG:
Passendale wird gerne auf Brot gegessen. Mit ihm lässt sich auch Gemüse wie Spargel, Brokkoli oder Chicorée gratinieren. Jung ist der milde Käse beliebt bei Kindern, Käsekenner bevorzugen einen stärker ausgereiften Passendale.

EINKAUF/LAGERUNG:
Passendale finden Sie an jeder größeren Käsetheke oder im Fachgeschäft für Käse. In Pergamentpapier und Alufolie umhüllt lässt sich der Käse im Kühlschrank lagern.

Pecorino Romano

Aussprache:
Pekorino romano

Milch:

Herkunft:
Italien

Getränke-empfehlung:
Rotwein, z. B. Chianti classico

TYP: Hartkäse

HERKUNFT UND VERBREITUNG: Der Pecorino Romano wird in den Regionen Sardinien und Latium sowie in der Provinz Grosseto hergestellt.

MERKMALE: Der Pecorino Romano hat die Form eines hohen Zylinders mit einem Durchmesser von 25 bis 35 cm. Sein Gewicht variiert zwischen 20 und 35 kg. Seine dünne, elfenbein- oder strohfarbene Rinde ist manchmal mit einer Schutzschicht überzogen. Der Käseteig hat eine kompakte Struktur mit einer geringen Lochung und eine mehr oder weniger intensiv weiße oder helle Strohfarbe.

HERSTELLUNG: Der Käse wird ausschließlich aus frischer Schafmilch produziert. Die aus dem Produktionsgebiet stammende Milch wird dickgelegt. Die Salzung kann trocken oder in einer Lake erfolgen. Die Reifezeit dauert mindestens 5 Monate für den Tafelkäse und mindestens 8 Monate für den Reibekäse. In einigen Fällen wird der Käse mit einer neutralen oder schwarzen Lebensmittelschutzschicht überzogen. Aufgrund der durch das Klima begründeten, regionalen Tradition wird der Käse in der Zeit von Oktober bis Juli hergestellt.

Historisches: Pecorino wurde vermutlich schon von den alten Römern genossen. Der Name »Pecorino« leitet sich vom italienischen Wort »Pecora« ab, welches übersetzt »Schaf« heißt. Alle italienischen Hartkäse aus Schafmilch werden daher auch Pecorino genannt.

Varianten: *Pecorino siciliano* Der aus Sizilien stammende Schafskäse wird mit schwarzem Pfeffer versetzt und ist besonders scharf im Geschmack.

Pecorino toscano Dieser aus der Toskana stammende Schafskäse wird meist schon unreif verzehrt und ist in seiner Konsistenz cremig und weich.
Pecorino sienese Hierbei handelt es sich um eine Abwandlung des Percorino toscano, dessen Rinde mit Tomatenpüree eingerieben worden ist.

Salat alla Medici

ZUTATEN: 500 g gemischte Blattsalate (Romana, Frisée, Radicchio, Rucola) • 6 Frühlingszwiebeln • 4 Sardinen in Öl • 50 g Kapern • 9 TL Olivenöl • 1 EL Rotweinessig • Salz und Pfeffer • 30 g Walnusskerne • 400 g Pecorino

ZUBEREITUNG: Salatblätter putzen, waschen und trockentupfen, Zwiebeln schälen und in kleine Scheibchen schneiden, Sardinen zerzupfen, Kapern abtropfen. Alles in eine Salatschüssel geben. Aus Öl, Essig, Salz und Pfeffer eine Marinade rühren, über den Salat geben und gut mischen. Den Pecorino in feinste Scheibchen hobeln und zusammen mit den gehackten Walnusskernen über den Salat geben. Mit Ciabatta-Brot servieren.

In der Küche

Aroma:

Der Pecorino Romano ist als Tafelkäse aromatisch, salzig pikant und leicht scharf. Der länger gereifte Reibekäse ist kräftiger, aber nicht zu intensiv im Geschmack.

Fettgehalt:

36 % Fett i. Tr.

Verwendung:

Jung wird der Pecorino zu Ciabatta oder in hauchdünne Scheiben als Snack zu einem Glas Wein getrunken. Als geriebener Käse wird er über Suppen und Pastagerichte gestreut.

Einkauf/Lagerung:

Pecorino Romano finden Sie im Käsefachgeschäft oder im italienischen Spezialitätenladen. Er lässt sich am Stück gut verpackt im Kühlschrank über 1 bis 2 Monate aufbewahren.

Pélardon

Aussprache:
Pehlardong

Milch:

Herkunft:
Frankreich

Getränke-empfehlung:
Rotwein, z. B. Coteaux du Languedoc

TYP: Weichkäse

HERKUNFT UND VERBREITUNG: Die Heimat des Pélardon liegt in der Region Languedoc-Roussillon. Sein Produktionsgebiet erstreckt sich über die Departenments Gard, Hérault, Aude, Lozère und Tarn.

MERKMALE: Der Pélardon hat eine feine elfenbeinfarbene Rinde, die bei längerer Reifezeit mit Weiß- und Blauschimmel bewachsen sein kann. Im jungen Zustand ist der Teig weich und cremig, mit zunehmendem Alter wird er bröckeliger. Der runde Käselaib hat einen Durchmesser von 6 bis 7 cm und eine Höhe von 2 bis 3 cm. Er wiegt etwa 60 g.

HERSTELLUNG: Pélardon wird ausschließlich aus Rohmilch von Ziegen hergestellt. Nachdem die Milch geronnen ist, wird der Bruch mittels einer Kelle in Formen geschöpft. Wenn die Molke abgeflossen ist, wird er gesalzen und reift mindestens 11 Tage.

HISTORISCHES: Ursprünglich war der Ziegenkäse eine Mahlzeit und ein Produkt der armen, ländlichen Bevölkerung. Auch wenn er heute von den reichen Gourmets genossen wird, so hat er seinen bäuerlichen Charakter behalten.

In der Küche

Aroma:
Jung hat der Pélardon einen nussigen Geschmack, der sich im Laufe der Reifung noch ausprägt. Neben dem kräftigen Ziegengeruch können sich blumige und honigartige Aromen entwickeln.

Fettgehalt:
45 % Fett i. Tr.

Verwendung:
Der Pélardon wird nicht nur zum Abschluss eines Menüs gereicht, sondern auch als Vorspeise. Wie andere Ziegenkäsesorten eignet er sich zum Panieren und Frittieren. Auch in Saucen von Rind und Lamm wird er als Verfeinerung eingerührt.

Einkauf/Lagerung:
Pélardon finden Sie im Käsefachgeschäft. Er lässt sich am Stück gut verpackt einige Tage im Gemüsefach des Kühlschranks aufbewahren.

Wussten Sie ...

Dass der Pélardon auch heute noch seinen rustialen Charakter behalten hat, liegt daran, dass die Ziegen überwiegend im Freien gehalten werden und die Käseproduktion oft in den bäuerlichen Betrieben nach handwerklichen Methoden abläuft.

Pico

Aussprache:
Piko

Milch:

Herkunft:
Portugal

Getränke-empfehlung:
Dessertwein, z. B. Madeira

Typ: Weichkäse

Herkunft und Verbreitung: Der Käse kommt von der Azoren-Insel Pico, von der sich der mit über 2350 m höchste Berg der Azoren, der Monte Pico, erhebt.

Merkmale: Der Pico hat eine weiche Konsistenz und eine hellgelbe Farbe. Der runde Käselaib bringt zwischen 650 und 800 g auf die Waage und hat einen Durchmesser von 18 cm und eine Kantenhöhe von 3 cm.

Herstellung: Der Pico wird aus der Rohmilch von Kühen gewonnen. Nachdem die Milch dickgelegt wurde, lässt man die Molke langsam abfließen. Nach dem Salzen reift der Käse 15 Tage.

Historisches: Das atlantische Klima lässt zu, dass auf den Azoren und Madeira die Milchwirtschaft mit Kühen und die Käserei möglich ist. Auf dem portugiesischen Festland wird der Käse stets aus Schaf- oder Ziegenmilch hergestellt. Das Herstellen von Käse lernten die Insulaner von Seeleuten. Wie jedoch die Kühe auf die Inseln kamen, ist nicht bekannt.

In der Küche

Aroma:
Der Pico hat einen leicht salzigen, aber milden Geschmack.

Fettgehalt:
45 % Fett i. Tr.

Verwendung:
Der Pico harmoniert ausgezeichnet mit anderen Weichkäsesorten auf einer Käseplatte zum Abschluss eines Menüs.

Einkauf/Lagerung:
Pico finden Sie im Käsefachgeschäft oder im portugiesischen Spezialitätenladen. Er lässt sich am Stück gut verpackt im Gemüsefach des Kühlschranks aufbewahren.

Picodon

Aussprache:
Pikodong

Milch:

Herkunft:
Frankreich

Getränke-
empfehlung:
Rosé- oder
Rotwein von den
Côtes du Rhône

TYP: Weichkäse

HERKUNFT UND VERBREITUNG: Im Gebirge der Ardèche und der Drôme liegt die Heimat des Picodon. Als AOC-Käse ist seine Herkunft streng auf ein Gebiet der südlichen Rhône begrenzt. Es sind die Departements Ardèche und Drôme, der Kanton Barjac im Departement Gard und der Kanton Valréas im Departement Vaucluse.

MERKMALE: Picodon sind 1 bis 3 cm hohe Scheiben. Er hat einen feinen homogenen Teig, der mit zunehmendem Reifegrad immer fester wird. Der Käse ist mit einer natürlichen Schimmelschicht umgeben. Je länger er reift, umso höher ist der Anteil an sichtbarem Blauschimmel und Rotflora. Der Picodon wird unverpackt verkauft.

HERSTELLUNG: Der Picodon wird aus Ziegenmilch unter Zusatz einer geringen Menge von Lab geronnen. Der Bruch wird mit Schöpfkellen in löchrige Formen gebracht. Nach dem Abtropfen der Molke wird er zweimal trocken gesalzen, auf Rosten getrocknet und mindestens 12 Tage lang gereift. Von einer »Dieulefit-Affinage« spricht der Fachmann, wenn der Picodon mindestens 1 Monat lang gereift ist. In dieser Zeit wird er mehrmals mit Salzlake gewaschen oder mit Wein oder Trester eingerieben.

In der Küche

Aroma:

Jung hat der Picodon einen milden, leicht säuerlichen Geschmack, im Laufe der Reifung bekommt der Käse eine nussige Note. Ein dezenter Ziegengeruch lässt sich erahnen.

Fettgehalt:

45 % Fett i. Tr.

Verwendung:

Der Picodon wird nicht nur zum Abschluss eines Menüs gereicht, in seiner Heimat isst man ihn zum zweiten Frühstück. Der Käse wird gerne gegrillt und zusammen mit verschiedenen Blattsalaten serviert. Picodon lässt sich auch ausgezeichnet in Weißwein, Obstbränden oder Olivenöl einlegen.

Einkauf/Lagerung:

Picodon finden Sie im Käsefachgeschäft. Er lässt sich am Stück gut verpackt einige Tage im Gemüsefach des Kühlschranks aufbewahren.

Pont-l'Evêque

Aussprache:
Pong lewäk

Milch:

Herkunft:
Frankreich

Getränke-empfehlung:
Rotwein, z. B. Burgunder

TYP: Weichkäse mit gewaschener Rinde

HERKUNFT UND VERBREITUNG: Der Pont-l'Evêque wurde nach einem Dorf zwischen Lisieux und Deauville benannt. Der durch das AOC-Siegel herkunftsgeschützte Käse darf nur aus den fünf Departements Calvados, Eure, Manche, Orne und Seine-Maritime in der Normandie kommen oder aus Mayenne im Pays-de-la-Loire.

MERKMALE: Der Pont-l'Evêque ist ein quadratischer Käse mit einer gewaschenen und gebürsteten, orangegelben Rinde und einem speckigen, geschmeidigen Teig. Es gibt ihn in vier verschiedenen Größen. Er ist immer 3 cm hoch. Die Standardgröße beträgt 10,5 bis 11,5 cm Kantenlänge und wiegt zwischen 350 bis 400 g. Bereits in den Molkereien wird der Käse auf Standardgröße halbiert und reift dann erst aus. Die kleinere Variante, Petit Pont-l'Evêque genannt, hat nur eine Seitenlänge von 8,5 bis 9,5 cm, und die Kantenlänge des Grand Pont-l'Evêque beträgt 19 bis 21 cm.

HERSTELLUNG: Der Pont-l'Evêque wurde traditionell ausschließlich aus der Kuhmilch in der alten Provinz Normandie hergestellt. Aufgrund der starken Nachfrage wurde das Einzugsgebiet vergrößert. Die warme Milch wird mit Lab ver-

setzt. Die geronnene Milch wird geschnitten und in die Formen gegeben. Nach dem Salzen lagert der Käse 5 bis 6 Wochen in Reifekellern. Damit sich die Rotschmiere bilden kann, werden die Käselaibe immer wieder mit Salzlake befeuchtet.

HISTORISCHES: Diesen Käse kannte man schon im Mittelalter unten dem Namen »Angelon« bzw. »Angelot«. Im 16. Jahrhundert wurde er auch »Augelot« genannt. Ein Hinweis auf seinen Ursprung, das Pays d'Auge. Erst im 17. Jahrhundert erhielt der Käse vermutlich seinen jetzigen Namen.

Spinatnester

ZUTATEN: 600 g Spinat (tiefgefroren) • Salz • 1 Zwiebel • 4 EL Olivenöl • 2 EL getrocknete Tomaten in Öl • 4 eingelegte Artischockenherzen • Pfeffer • 1 TL Kräuter der Provence • 2 EL Pinienkerne • 200 g Pont-l'Evêque

ZUBEREITUNG: Spinat in wenig Salzwasser auftauen und abgießen. Zwiebel schälen und fein würfeln, in 2 EL Olivenöl etwas Farbe nehmen lassen. Getrocknete Tomaten und Artischockenherzen in feine Streifen schneiden, beides kurz in der Pfanne mitbraten. Mit Salz, Pfeffer und den Kräutern abschmecken. Die Pinienkerne und etwa 4 EL vom Öl der getrockneten Tomaten dazugeben und gut untermischen. Vier kleine Förmchen mit Öl ausstreichen und den Spinat darin verteilen. Mit der Tomatenmischung belegen. Den Käse in dünne Scheiben schneiden und die Spinatnester damit bedecken. Restliches Öl darüber träufeln und im vorgeheizten Backofen bei 200° C 15–20 Minuten gratinieren.

In der Küche

Aroma:
Der Pont-l'Evêque hat einen ausgeprägten Geruch und ist eher mild, wenn er noch jung ist. Später hat er ein pikant-kräftiges Aroma.

Fettgehalt:
45 % Fett i. Tr.

Verwendung:
Der Pont-l'Evêque eignet sich in Scheiben geschnitten aufs Brot gelegt. Aber auch in der warmen Küche lässt er sich zum Überbacken von Kartoffel- oder Gemüsegerichten einsetzen.

Einkauf/Lagerung:
Pont-l'Evêque finden Sie im Käsefachgeschäft. Er lässt sich einige Tage am Stück in Pergament eingewickelt und in einer Plastikdose verschlossen im Gemüsefach des Kühlschranks aufbewahren.

Pouligny Saint-Pierre

Aussprache:
Pulinji Sän pjär

Milch:

Herkunft:
Frankreich

Getränke-empfehlung:
Weißwein, z. B. Pouilly-Fumé oder Sancerre

TYP: Weichkäse

HERKUNFT UND VERBREITUNG: Die Heimat des Pouligny Saint-Pierre liegt im Westen des Departements Indre, südlich der mittleren Loire.

MERKMALE: Auffälligstes Erkennungsmerkmal ist die charakteristische Form einer Pyramide. Die Seitenlänge am Fuß beträgt mindestens 9 cm, an der Spitze 3 cm, die Höhe liegt bei 12,5 cm und er wiegt etwa 250 g. Die kleinere Variante ist der Petit Pouligny Saint-Pierre. Seine Ausmaße sind ebenfalls festgelegt und betragen 7 x 3 x 8,5 cm.

HERSTELLUNG: Für den Pouligny Saint-Pierre wird die Ziegenmilch durch Zugabe von Lab geronnen. Mit einer Schöpfkelle füllt man den Bruch in die pyramidenförmigen Formen. Nach dem Abtropfen, Formen und Salzen wird der Käse zum Trocknen auf Lattenroste oder Strohmatten gelegt. Die Reifung dauert mindestens 2 Wochen, meistens lagert er aber 4 bis 5 Wochen.

SCHON PROBIERT?

Endiviensalat und Rucola mit einer Vinaigrette anmachen, den Käse auf getoasteten Weißbrotscheiben unter den Grill schieben, auf dem Salat platzieren, mit Walnusskernen bestreuen.

In der Küche

Aroma:

Jung hat der Pouligny Saint-Pierre einen milden, leicht säuerlichen Geschmack, im Laufe der Reifung bekommt der Käse ein ausgeprägte nussig-aromatische Note. Meist wird er nur als ausgereifter Käse angeboten.

Fettgehalt:

45 % Fett i. Tr.

Verwendung:

Der Pouligny Saint-Pierre schmückt so manche Käseplatte. Er passt ausgezeichnet zu einem Blattsalat, der mit Walnussöl angemacht ist. Auch in Scheiben aufs Weißbrot geschnitten und leicht gratiniert, lässt er sich warm wunderbar servieren.

Einkauf/Lagerung:

Pouligny Saint-Pierre finden Sie im Käsefachgeschäft. Die beste Qualität erhalten Sie von Frühsommer bis in den Spätherbst, denn dann weiden die Ziegen auf saftigen Wiesen. Er lässt sich am Stück gut verpackt einige Tage im Gemüsefach des Kühlschranks aufbewahren.

Provolone valpadana

Aussprache:
Prowolone wal-padana

Milch:

Herkunft:
Italien

Getränke-empfehlung:
Rotwein, z. B Barbaresco

TYP: Filata-Käse

HERKUNFT UND VERBREITUNG: Der Provolone wird in den Provinzen Cremona und Brescia sowie in einigen Gemeinden der Provinzen Bergamo, Mantua und Mailand, den Provinzen Verona, Vicenza, Rovigo, Padua und Piacenza sowie in einigen Gemeinden der Provinz Trento hergestellt.

MERKMALE: Der Provolone ist ein Verwandlungskünstler, man trifft ihn wurst-, melonen-, kegel- oder birnenförmig an. Das Gewicht des Provolone variiert von 0,5 bis 100 kg. Käse, die nach kurzer Reifezeit zum Verzehr bestimmt sind, wiegen zwischen 0,5 und 6 kg. Allen gemeinsam ist eine glatte, dünne und glänzende Rinde von goldgelber, manchmal gelbbrauner Farbe. Der Teig ist kompakt und weist manchmal leichte, spärliche Löcher auf. Seine Farbe ist strohgelb.

HERSTELLUNG: Für den Provolone wird Kuhvollmilch durch Zufügen von Lab und Molke dickgelegt. Dann wird der Bruch zerkleinert, mit Molke gewaschen und gezogen. Ausgeformt wird der Käse von Hand oder mithilfe spezieller Formen. Das Einlegen in Salzlake dauert je nach Form zwischen 12 Stunden und 25 Tage. Die kleineren Käse reifen bis zu 3 Monate, die großen durchaus länger. Der Provolone kann geräuchert werden.

In der Küche

Aroma:
Der Provolone ist schmackhaft zart bei bis zu dreimonatiger Reifung. Bei längerer Reifezeit oder bei Verwendung von Ziegen- und/oder Schafslab ist er wesentlich intensiver im Geschmack.

Fettgehalt:
44 % Fett i. Tr.

Verwendung:
Aufgrund seiner ausgezeichneten Schmelzeigenschaften eignet er sich hervorragend zum Überbacken von Aufläufen und Nudelgerichten. Auch zu Brot leicht gegrillt oder pur wird er gerne als Zwischengang gereicht.

Einkauf/Lagerung:
Provolone finden Sie im Käsefachgeschäft oder im italienischen Spezialitätenladen. Er lässt sich am Stück gut verpackt im Gemüsefach des Kühlschranks aufbewahren.

Quark

Milch:

Herkunft:
Deutschland

Typ: Frischkäse

Herkunft und Verbreitung: Quark kannten schon die alten Germanen und seine Herstellung war schon in der Steinzeit nördlich der Alpen weit verbreitet. Industriell wird er seit dem 19. Jahrhundert im deutschsprachigen Raum – auch unter dem Namen Topfen – produziert.

Merkmale: Quark ist eine weiße, cremige Masse, die luftdicht verschlossen in Plastikbehältern mit einem Volumen von 250 g, 500 g und selten 1 kg abgepackt wird.

Herstellung: Für den Quark wird pasteurisierte Magermilch mit Milchsäurebakterien dickgelegt. Um die Molke vom Bruch zu trennen, wird die Masse zentrifugiert. Danach wird der Quark zu einer glatten Masse passiert. Quark muss nicht reifen. Er besteht noch zu 80 % aus Wasser. Quark wird in verschiedenen Fettgehaltstufen angeboten. Der Magerquark kann ohne Zugabe von Rahm abgepackt werden. Bei der Halbfett- und Fettstufe wird Sahne hinzugefügt, damit der Quark den gewünschten Fettgehalt erhält.

Verwandte Sorten: *Schichtkäse* Beim Schichtkäse handelt es sich eigentlich um nichts anderes als um Quark. Er

darf aber im Gegensatz zum Quark nicht zentrifugiert werden. Er wird in eine Form geschichtet, und dabei läuft die Molke ab.

Rahm-/Doppelrahmfrischkäse wird ebenso wie der Quark hergestellt, nur dass dem Bruch wesentlich mehr Flüssigkeit entzogen wird. Er wird gesalzen und ihm wird Sahne zur Einstellung des Fettgehaltes untergerührt.

Körniger Frischkäse/Hüttenkäse Beim körnigen Frischkäse wird die Quarkmasse leicht erwärmt. Dadurch zieht sich das Milcheiweiß zu kleinen Körnern zusammen. Nach dem Ablaufen der Molke werden sie mit kalten Wasser gewaschen, damit sie körnig bleiben und nicht aneinander kleben.

Käsekuchen

ZUTATEN: 4 Eier • 250 g Zucker • 250 g Butter • 1 Tüte Backpulver • 1 Tüte Vanillezucker • 1 Tüte Vanillepuddingpulver • 4 EL Grieß • 1 unbehandelte Zitrone • 1 kg Quark • 1 Dose Mandarinen

ZUBEREITUNG: Die Eier mit dem Zucker schaumig rühren, die zimmerwarme Butter flöckchenweise gut unterrühren. Backpulver, Vanillezucker und das Puddingpulver zugeben, den Grieß einstreuen und die abgeriebene Schale sowie den Saft der Zitrone zufügen. Alles mit dem Quark gut vermengen. Eine Springform von 26 cm Durchmesser einfetten, mit Semmelmehl bestreuen und auf dem Boden die abgetropften Mandarinen verteilen, die Quarkmasse darüber geben.
Im Ofen bei 200° C etwa 1 Stunde backen. Kuchen danach bei leicht geöffneter Klappe noch 15 Minuten ruhen lassen.

SCHON PROBIERT?

SPUNDEKÄSE: **250 g Magerquark mit 100 g Doppelrahmfrischkäse und 2 EL weicher Butter zu einer homogenen Paste verrühren. Mit 1/2 TL edelsüßem Paprikapulver, Salz und 1 Prise Zucker abschmecken. 2 rote Zwiebeln schälen und sehr fein hacken. Den Spundekäse mit Zwiebeln und kleinen Salzbrezeln reichen. Die Brezel zuerst in den Spundekäse, dann in die Zwiebeln tauchen und mit einem Glas Weißwein genießen.**

IN DER KÜCHE

AROMA:
Quark schmeckt neutral und etwas säuerlich.

FETTGEHALT:
0,5 % Fett absolut

VERWENDUNG:
Quark findet vielseitige Anwendung in unserer Küche. Kalt wird er mit Kräutern angemacht oder als Brotaufstrich auf dem Marmeladenbrot verwendet. Mit ihm wird aber auch gekocht, er wird in Salatsaucen eingerührt, zum Backen von Käsekuchen oder süßen Aufläufen ist er unabkömmlich, und ein Quark-Öl-Teig ist ohne ihn auch nicht herzustellen.

EINKAUF/LAGERUNG:
Quark finden Sie im Kühlregal eines jeden Discounters oder Supermarktes. Ist die Packung einmal geöffnet, kann der Quark gut verschlossen noch einige Tage im Kühlschrank aufbewahrt werden.

WUSSTEN SIE ...

Das Wort »Quark« leitet sich von den mittelhochdeutschen Begriffen »twarc« oder »zwarc« ab. Seit dem 14. Jahrhundert ist das »Qu« am Wortbeginn. Beide Begriffe sind vermutlich dem slawischen Wortschatz entlehnt. Denn in Osteuropa kannte man den »zwarc« als Leibgericht der Zwerge. Mit Obst angemacht, gilt dies für viele Kinder auch heute noch.

Raclettekäse

Aussprache:
Raklettkäse

Milch:

Land:
Schweiz

Getränke-empfehlung:
Weißwein, z. B. Fendant

TYP: Hartkäse

HERKUNFT UND VERBREITUNG: Dieser Käse hat seinen Ursprung im Wallis. Heute wird er aber am nördlichen Alpenkamm innerhalb der Schweiz produziert.

MERKMALE: Der runde oder auch eckige Käse wiegt etwa 5,5 bis 7,5 kg. Er hat einen Durchmesser oder eine Kantenlänge von 30 bis 35 cm. Die Rinde ist von braunroter Farbe und der Teig ist fein, leicht cremig und hellgelb bis elfenbeinfarbig.

HERSTELLUNG: Auf den Berghütten wird Raclettekäse noch mit Rohmilch, in den Molkereien im Tal in der Regel aus pasteurisierter Milch hergestellt. Die Milch wird erwärmt und mit Lab versetzt, der Bruch mit der Käseharfe zerkleinert, dabei setzt sich die Molke von der Käsemasse ab. Diese wird ein weiteres Mal unter Rühren erhitzt, danach in Formen gegeben und gepresst. Nachdem die Käselaibe aus den Formen genommen worden sind, werden sie gesalzen und reifen mindestens 3 Monate, bevor sie zum Verkauf angeboten werden.

HISTORISCHES: Die Bezeichnung »La Raclette« stammt vermutlich vom französischen Begriff »racler« ab, was soviel wie »abkratzen« oder »abschaben« bedeutet.

IN DER KÜCHE

WUSSTEN SIE ...

Raclette ist eine der traditionsreichen Schweizer Käsesorten und gleichzeitig wohl auch das beliebteste Schweizer Nationalgericht. Bereits im Mittelalter schöpften die Hirten bei einem würzigen Raclette in gemütlicher Runde neue Kraft. Dazu setzten sie einen halben Laib der Hitze des Feuers aus und streiften den geschmolzenen Käse vom Laib ab.

AROMA:

Raclette hat einen würzigen und leicht säuerlichen Geschmack.

FETTGEHALT:

45 % Fett i. Tr.

VERWENDUNG:

Raclette wird am liebsten zum Raclette-Essen verwendet. Er eignet sich aufgrund seiner hervorragenden Schmelzeigenschaften besonders gut zum Überbacken und von Aufläufen, Toast und Kurzgebratenem.

EINKAUF/LAGERUNG:

Raclette finden Sie an jeder größeren Käsetheke. Zuhause sollte er bei 10° C im Kühlschrank gelagert werden. Am besten lagert er am Stück alleine oder mit Käsesorten gleichen Typs mit Pergamentpapier und gelöcherter Alufolie umhüllt.

Reblochon de Savoie

Aussprache:
Röbloschong dö Sawoa

Milch:

Herkunft:
Frankreich

Getränkeempfehlung:
Rotwein, z. B. Beaujolais

TYP: halbfester Schnittkäse

HERKUNFT UND VERBREITUNG: Der Ursprung des Reblochon liegt in der Haute-Savoie, genauer in den Bergen des Pays de Thônes. Das AOC-Siegel garantiert, dass der Käse heute aus der Region Rhône-Alpes, dem französischen Teil südlich des Genfer Sees, kommt.

MERKMALE: Reblochon hat eine gewaschene Rinde, die von natürlichem Edelschimmel überzogen ist. Der Käse hat eine flache, runde Form mit einem Durchmesser von 14 cm und einer Höhe von 3,5 cm. Er wiegt zwischen 450 und 500 g. Die kleinere Variante, der Petit Reblochon de Savoie, misst nur einen Durchmesser von 9 cm und ist etwa 3 cm hoch. Sein Gewicht variiert von 240 bis 280 g. Reblochon wird auf einer imitierten Fichtenholzscheibe angeboten.

HERSTELLUNG: Nur die Rohmilch von drei örtlichen Rinderrassen wird zur Herstellung von Reblochon verwendet. Der Füttern der Kühe mit Silage ist den Bauern untersagt. Der Käse wird morgens und abends aus frischer Rohmilch unter Einsatz von Lab hergestellt. Der Käsebruch wird in Formen geschüttet und leicht gepresst. Während der zweiwöchigen Reifephase wird die Rinde mehrmals gewaschen.

IN DER KÜCHE

AROMA:
Der Reblochon hat einen ausgeprägten Geruch nach Keller und ist im Geschmack vollmundig und butterig.

FETTGEHALT:
45 % Fett i. Tr.

VERWENDUNG:
Er ist ideal fürs Frühstücksbrötchen, macht sich aber auch gut auf einer Käseplatte.

EINKAUF/LAGERUNG:
Reblochon finden Sie im Käsefachgeschäft. Er lässt sich am Stück in Pergament eingewickelt und in einer Plastikdose verschlossen im Gemüsefach des Kühlschranks aufbewahren.

WUSSTEN SIE ...

Dieser Käse ist seit dem 14. Jahrhundert bekannt. Damals zahlten die Bauern ihre Pacht in Form von Naturalien, u. a. als Milchprodukte. Wenn kontrolliert wurde, wie hoch die Milchquote des Bauern war, molk der Bauer seine Kühe nur zum Teil. Sobald der Kontrolleur den Bauerhof verlassen hatte, wurde die restliche Milch gemolken. Diese sehr fetthaltige, nachgemolkene Milch wurde zur Herstellung des Reblochon verwendet.

Ricotta

Aussprache:
Rikotta

Milch:

Herkunft:
Italien

Getränke-empfehlung:
Dessertwein, z. B. Marsala

TYP: Frischkäse

HERKUNFT UND VERBREITUNG: Der Ricotta stand lange Zeit im Schatten der großen Käsesorten, denn er wird aus Molke, dem Abfallprodukt bei der Herstellung der meisten Käse, gewonnen. Er wird in ganz Italien überall dort, wo auch Käse hergestellt wird, produziert.

MERKMALE: Ricotta ist schneeweiß, hat eine leicht krümelige und weiche Struktur. Er kann als Block oder Körbchen zusammengepresst oder auch in einem Behältnis wie Quark verpackt sein.

HERSTELLUNG: Ricotta wird nicht wie Quark direkt aus der Milch, sondern aus Molke gewonnen. Um die Molke dickzulegen, wird sie auf 70° bis 80° C erhitzt. Danach wird die entstandene Masse nochmals erwärmt, dadurch trennt sich die Flüssigkeit vom Käse. Der frische Ricotta wird nun in Körbe gegeben, damit die restliche Flüssigkeit abtropfen kann. Nachdem der Käse abgetropft ist, wird er aus den Körbchen genommen, kurz gepresst und ohne weitere Reifung verpackt.

HISTORISCHES: Schon in der klassischen Antike wurde Ricotta aus der Molke von Ziegen- und Schafmilch hergestellt.

Der Name »Ricotta« bedeutet »nochmals gekocht« und deutet somit auf das Herstellungsverfahren hin.

VARIANTE: *Ricotta romana* ist der beliebteste Ricotta in Mittel- und Süditalien und wird aus der Molke von Schafmilch gemacht, die zum größten Teil bei der Herstellung von Pecorino anfällt.

Ricotta di vacca oder *Ricotta vaccina* Der Zusatz »di vacca« bzw. »vaccina« verrät, dass dieser Käse eindeutig aus der Molke von Kuhmilch hergestellt worden ist.

SORTEN: Die Bezeichnung »Ricotta tipo dolce« meint, dass es sich um einen ungereiften und ungesalzenen Käse handelt. Mit »Ricotta tipo forte« ist ein gereifter Käse gemeint. »Ricotta salata« weist darauf hin, dass der Käse gesalzen ist, und findet sich noch der Zusatz »affumicata«, dann ist der Käse geräuchert. »Ricotta secca« erklärt, dass es sich um einen harten Reibekäse handelt.

Ricotta-Walnuss-Torte

ZUTATEN: 150 g Walnüsse • 150 g Butter • 150 g Zucker • 5 Eier • Schale von 1 Zitrone • 150 g Ricotta • 40 g Mehl • 5 EL Aprikosenmarmelade • 2 EL Rum • 50 g Zartbitterschokolade

ZUBEREITUNG: Die Walnüsse hacken und anrösten. Butter und 110 g Zucker schaumig rühren, Eigelb, Zitronenschale, Ricotta, Mehl und Nüsse zugeben. Das Eiweiß steif schlagen, restlichen Zucker unterziehen. Eischnee unter den Teig heben. Die Masse in eine gefettete Springform von 23 cm Durchmesser geben. Im vorgeheizten Ofen bei 200° C etwa 30 Minuten backen. Der Kuchen muss aufgegangen und fest sein. Hölzchenprobe machen. Den Kuchen in der Form abkühlen lassen, dann stürzen. Die Marmelade leicht erwärmen, den Rum hineinrühren, den Kuchen damit bestreichen, mit geraspelter Schokolade bestreuen.

In der Küche

Aroma:

Ricotta hat einen mild-süßlich bis säuerlichen-feinen Milchgeschmack.

Fettgehalt:

20 % Fett i. Tr.

Verwendung:

Ricotta ist vielfältig einsetzbar. Er wird sowohl als Brotbelag in Kombination mit Süßem wie Marmelade oder Beeren, aber auch pikant mit Kräutern oder Garnelen gegessen. Nur mit ein paar Blättern Rucola ist er Teil der Antipasti. Auch zum Füllen von Cannelloni, Crêpes zusammen mit Spinat oder anderem Gemüse oder für süße Torten und Gebäck wird dieser Frischkäse in Italien verwendet.

Einkauf/Lagerung:

Ricotta erhalten Sie im Käsefachgeschäft oder im italienischen Spezialitätenladen. Lose ist er nicht lange haltbar, eingeschweißt lässt er sich im Kühlschrank lagern.

Schon probiert?

Kaffee-Ricotta-Creme: **Ricotta mit Zucker, Espresso und etwas Rum glatt rühren, in Schälchen füllen und über Nacht kühl stellen. Mit Moccabohnen verziert servieren.**

Rocamadour

Aussprache:
Rokamaduhr

Milch:

Herkunft:
Frankreich

Getränke-empfehlung:
Weißwein aus dem Bergerac oder Rotwein aus dem Cahors

TYP: Weichkäse

HERKUNFT UND VERBREITUNG: Der Rocamadour kommt aus dem Südwesten Frankreichs, aus dem Departement Lot in den Midi-Pyrenées.

MERKMALE: Der Rocamadour hat einen Durchmesser von 6 cm und eine Höhe von weniger als 2 cm. Er hat einen weichen, elfenbeinfarbigen Teig, der mit zunehmender Reife fester wird. Umgeben ist der Käse von einer feinen, natürlichen Rinde. Nach längerer Reifezeit kann die Rinde einen leichten Blauschimmelüberzug aufweisen.

HERSTELLUNG: Für den Rocamadour darf nur die Rohmilch von Ziegen verwendet werden. Auch nicht jede Rasse ist erlaubt, nur die Ziegenmilch von den Rassen Alpine oder Saanen ist zugelassen. Mehr als 10 Tiere pro Hektar Land darf der Bauer nicht haben. Zu 80 % müssen die Ziegen mit hochwertigem Futter, wie Weizen, Mais, Gerste und Hafer, versorgt werden. Mithilfe von natürlichem Lab wird die Milch direkt nach dem Melken zum Gerinnen gebracht. Dann wird der Bruch in die kleinen Formen gegeben. Nach dem Ausformen und Salzen lagern die kleinen Käselaibe in Kellern bei konstanten Temperaturen und genau festgelegter Luftfeuchtigkeit.

In der Küche

Aroma:

Der Rocamadour hat einen feinen haselnussartigen Geschmack, der sich mit zunehmendem Alter intensiviert. Er hat einen dezenten Ziegengeruch.

Fettgehalt:

45 % Fett i. Tr.

Verwendung:

Der Rocamadour ist ein typischer Käse, der zum Abschluss eines Menüs gereicht wird.

Einkauf/Lagerung:

Rocamadour finden Sie im Käsefachgeschäft. Er lässt sich am Stück gut verpackt für kurze Zeit im Gemüsefach des Kühlschranks aufbewahren.

Wussten Sie ...

Einst wurde er Cabécou de Rocamadour genannt. Übersetzt aus der provenzalischen Mundart bedeutet dies »kleiner Ziegenkäse«. Schon im 15. Jahrhundert wurde der Käse als Zahlungsmittel für Steuern und Pacht erwähnt. In einem Pachtvertrag von 1451 zwischen dem obersten Lehnsherrn, dem Bischof von Evreux, und dessen Vasallen ist festgelegt worden, dass die Steuer in Form von Rocamadour-Käse beglichen werden muss.

Roncal

Aussprache:
Ronkál

Milch:

Herkunft:
Spanien

Getränke-empfehlung:
schwerer Rotwein, z. B. Rioja oder Navarra

TYP: Hartkäse

HERKUNFT UND VERBREITUNG: Ein Gemeindeverbund aus sieben Dörfern im Tal von Roncal im Norden der Region Navarra ist das Ursprungsgebiet des Käses.

MERKMALE: Der Roncal hat eine zylindrische Form mit bräunlicher oder strohgelber Rinde. Er wiegt je nach Größe zwischen 1 und 3 kg. Die Konsistenz des Teiges ist fest, er hat wenige, kleine Löcher und ist von weißgelber Farbe.

HERSTELLUNG: Der Roncal wird ausschließlich aus der Schafmilch der Rassen Latxa und Navarra und der Kreuzung von Latxa und Milchschaf hergestellt. Der Käse wird nach althergebrachten, handwerklichen Methoden erzeugt. Die Gerinnung erfolgt über natürliches Lab oder durch den Zusatz von Labfermenten. Der Roncal reift mindestens 5 Monate.

HISTORISCHES: Da Wald und Wiesen von der ganzen Gemeinde gemeinschaftlich genutzt wurden, zogen Hirten mit den Schafherden durch das Roncal-Tal. Den Winter verbrachten die Schafe im Süden von Navarra, und im Sommer benutzten sie die Weiden im Tal. Die Herstellung von Schafskäse zählt traditionell zu einem wichtigen Wirtschaftszweig in der Region.

In der Küche

Aroma:
Der Roncal schmeckt nussig bis pikant und entwickelt mit zunehmendem Alter das volle Aroma eines Schafskäses.

Fettgehalt:
50 % Fett i. Tr.

Verwendung:
Der Roncal wird jung zu Brot gegessen. Er eignet sich aber auch hervorragend zum Überbacken von Gemüse- und Fleischgerichten.

Einkauf/Lagerung:
Roncal finden Sie im Käsefachgeschäft oder im spanischen Spezialitätenladen. Er lässt sich gut verpackt im Gemüsefach des Kühlschranks aufbewahren.

Roquefort

Aussprache:
Rockfor

Milch:

Herkunft:
Frankreich

Getränke-empfehlung:
Rotwein, z. B. Châteauneuf-du-Pape, oder Süßwein, z. B. Sauternes

Typ: halbfester Schnittkäse mit Innenschimmel

Herkunft und Verbreitung: Die Heimat des Roquefort ist die ehemalige Provinz Rouergue. Das traditionelle Gebiet für die Milchgewinnung erstreckt sich über das Departement Aveyron und die angrenzenden Departements Aude, Gard, Hérlaut, Lozère und Tarn. Heute darf auch die Schafsmilch aus Korsika und den Pyrenäen kommen, um die Nachfrage nach dem Käse zu befriedigen. Der Roquefort muss aber unbedingt in den Höhlen von Roquefort-sur-Soulzon, die in der Region Midi-Pyrénées liegen, reifen.

Merkmale: Der Roquefort ist ein zylindrischer Käse mit einem Durchmesser von 19 bis 20 cm und einer Höhe von 8,5 bis 10,5 cm. Er wiegt zwischen 2,5 und 2,9 kg. Der Käse hat praktisch keine Rinde und einen weichen, bröckeligen, cremefarbenen Teig, der von graugrünen Pilzadern durchzogen ist. Eine Aluminiumfolie schützt ihn vor dem Austrocknen.

Herstellung: Die Rohmilch von Schafen wird erwärmt und unter Zugabe von Lab geronnen. Das Impfen mit Penicillium erfolgt entweder zeitgleich mit dem Labzusatz oder beim Formen der Käselaibe. Während des Abtropfens der Molke wird der Käse fünfmal täglich gewendet. Nach dem

Salzen werden die Laibe nach Roquefort gebracht, um dort mindestens 3 Monate im Berg Combalou zu reifen. Die Luft dringt durch lange Felsenrisse, den »Fleurines«, ins Berginnere ein. Der Roquefort reift so unter einzigartigen, klimatisch natürlichen Bedingungen.

HISTORISCHES: Schon Karl der Große erklärte den Roquefort zu seinem Lieblingskäse. Karl IV. unterzeichnete im April 1411 eine Charta, die den Einwohnern von Roquefort das Recht für die Reifung des gleichnamigen Käses einräumte.

Apfel-Zwiebel-Quiche

ZUTATEN: 150 g Roquefort • 225 g Mehl • Salz • 75 g Margarine • 1 Zwiebel • 400 g Äpel • 40 g Butter • 3 Eier • 150 g Crème double • Kräuter der Provence • 1/2 Bund Petersilie • Pfeffer

ZUBEREITUNG: Mehl mit 1 Prise Salz in eine Schüssel geben, Margarine und 75 g vom zerdrückten Käse zugeben, mit 2 EL Wasser vermischen und alles zu einem glatten Teig verkneten, sodann kühl stellen.

Zwiebel schälen und fein hacken. Äpfel schälen, vierteln, Kerngehäuse entfernen, Äpfel fein reiben. 25 g Butter zerlassen, Zwiebeln darin glasig dünsten, Apfelmasse zugeben und 3 Minuten weiterdünsten, abkühlen lassen.

Den Teig ausrollen, in eine gefettete Springform geben, nochmals kalt stellen. Teig bei 200° C im Ofen 10 Minuten vorbacken.

Petersilie waschen und fein hacken. Eier mit Crème double, Kräutern, Petersilie, Salz und Pfeffer verquirlen. 60 g vom Käse in die Eimischung einrühren. Apfel-Zwiebel-Mischung auf den vorgebackenen Teig geben, die Eimasse darüber gießen und mit den restlichen Käsebröckchen bestreuen. Im Ofen bei 190° C in 20 Minuten goldgelb backen.

In der Küche

Aroma:

Der Roquefort ist pikant, salzig und sehr intensiv im Geschmack, mit einem dezenten Hauch nach Schaf. Er hat einen leichten Schimmelgeruch.

Fettgehalt:

52 % Fett i. Tr.

Verwendung:

Der Roquefort ist ein Muss auf jeder Käseplatte. Er eignet sich aber auch zum Würzen von Saucen, als Belag auf Canapés, in Salaten, im Soufflé oder als Füllung von pikanten Teigtaschen. Alleine als Dessert wird er gerne mit frischen Birnenspalten gegessen.

Einkauf/Lagerung:

Roquefort finden Sie im Käsefachgeschäft oder auch an der Käsetheke in einem größeren Supermarkt. Dieser Käse ist ganzjährig erhältlich. Er lässt sich gut verpackt einige Tage im Gemüsefach des Kühlschranks aufbewahren.

Schon probiert?

Birnen mit Roquefort: **2 Birnen schälen, halbieren, Kerne entfernen. Mit einem Teelöffel etwas Fruchfleisch aushöhlen. Birne mit Zitronensaft beträufeln. Fruchtfleisch mit 2 EL Sahne und 50 g zerdrücktem Roquefort cremig rühren, in die Birnen füllen und mit gehackten Walnüssen bestreuen.**

Sainte-Maure de Touraine

Aussprache:
Ssänt Mohr dö Turähn

Milch:

Herkunft:
Frankreich

Getränke-empfehlung:
leichte, fruchtige Rot- und Weiß-weine von der Loire

TYP: Weichkäse

HERKUNFT UND VERBREITUNG: Die Heimat des Sainte-Maure de Touraine ist die ehemalige Provinz Touraine an der Loire, dabei handelt es sich heute um das Departement Indre-et-Loire und die angrenzenden Kantone Loir-et-Cher, Indre und einige benachbarte Gemeinden des Departements Vienne.

MERKMALE: Der Strohhalm, der durch die Mitte des Sainte-Maure de Touraine läuft, lässt ihn schnell von anderen Ziegenkäse unterscheiden. Er hat eine Rollenform mit einem Durchmesser von 4,8 bis 6,5 cm und einer Länge von 28 cm. Die Rinde ist mit einem leichten Edelschimmel überzogen, und der Käse trägt meistens einen Aschemantel. Der Teig ist weiß und hat eine pastenartige Konsistenz.

HERSTELLUNG: Sainte-Maure de Touraine wird unter Zusatz von wenig Lab aus Ziegenmilch hergestellt. Die Gerinnung erfolgt innerhalb von 24 Stunden. Der Bruch wird danach in längliche Formen gefüllt und darf dabei so wenig wie möglich brechen. Der Käse wird ausgeformt, leicht gesalzen und eventuell mit Pflanzenasche bestreut. Die Reifung dauert mindestens 10 Tage.

HISTORISCHES: Es ist belegt, dass die Ziegenzucht und Käseproduktion in Sainte-Maure bis in die karolingische Zeit zurückreichen. Sogar in der französischen Literatur hat der Sainte-Maure Einzug gehalten. In dem Buch »Die Touraine zur Zeit Balzacs« von M. Laurencin wird dieser Käse beschrieben.

VERWANDTE SORTEN: *Sainte-Maure* ist ein Ziegenkäse aus der gesamten Region Touraine, aber nur der Sainte-Maure de Touraine trägt das AOC-Gütesiegel.

Bûchette d'Anjou (Aussprache: Büschett dangschu) Der Bûchette d'Anjou ähnelt dem Sainte-Maure, da er ebenfalls länglich und rund sowie mit Asche überzogen ist. Er ist im Geschmack mild. Der Oberbegriff für alle Ziegenkäse mit dieser Form ist übrigens »Chèvre« *(Aussprache: Schäwrö)*.

Ziegenkäserolle Immer beliebter werden bei uns die Ziegenkäserollen. Im Geschmack sind sie meist mild, mit leichtem Ziegenkäsearoma. Sie werden nicht nur in Frankreich, sondern auch in Holland und Deutschland hergestellt. Es handelt sich dabei eher um Einsteiger-Käse, die nur einen kleinen Anteil an Ziegenmilch haben, der Hauptbestandteil ist Kuhmilch. Der Käsegourmet findet meist nur wenig Freude an diesen Sorten.

Gebratener Ziegenkäse mit grünem Zwiebelgemüse

ZUTATEN: 250 g Sainte-Maure de Touraine • 5 EL Semmelbrösel • 4 EL Olivenöl • 2 Bund Lauchzwiebeln • 1 Msp Muskat • Salz • schwarzer Pfeffer

ZUBEREITUNG: Den Ziegenkäse in Scheiben schneiden und in den Semmelbröseln wenden. In einer Pfanne mit Olivenöl den Käse kurz anbraten. Die Lauchzwiebeln putzen, der Länge nach halbieren und in 3 cm lange Stücke schneiden. In einer Pfanne mit Olivenöl die Lauchzwiebeln anschwitzen, würzen und zusammen mit dem Ziegenkäse auf 4 Tellern anrichten.

In der Küche

Aroma:

Der Sainte-Maure de Touraine hat einen milden, pilzartigen Geschmack mit dem charakteristischen Ziegenaroma, der sich mit zunehmendem Alter intensiviert. Er riecht leicht nach Ziege.

Fettgehalt:

45 % Fett i. Tr.

Verwendung:

Den Sainte-Maure de Touraine kann man ideal in Scheiben geschnitten zum Aperitif reichen. Auch zum Gratinieren eignet sich der Käse sehr gut und lässt sich mit einem Salat oder zu Obst darbieten.

Einkauf/Lagerung:

Der Sainte-Maure de Touraine und seine nahen Verwandten finden Sie im Käsefachgeschäft. Die beste Zeit für diesen Ziegenkäse beginnt im März und endet im November. Er lässt sich gut verpackt einige Tage im Gemüsefach des Kühlschranks aufbewahren.

Saint-Nectaire

Aussprache:
Ssäng Nektähr

Milch:

Herkunft:
Frankreich

Getränke-empfehlung:
leichter, fruchtiger Rotwein, z. B. Beaujolais

TYP: halbfester Schnittkäse

HERKUNFT UND VERBREITUNG: Die Käse wird seit Jahrhunderten in der Region der Monts-Dore in der Auvergne hergestellt. Heute wird er in der Auvergne auch im nördlichen Teil des Departements Cantal und dem südwestlichen Teil des Departements Puy-de-Dôme produziert.

MERKMALE: Saint-Nectaire hat eine weißliche, gelbe bis rötliche, feine Schimmelrinde. Der Teig ist geschmeidig und elastisch, so dass er auf Daumendruck leicht nachfedert. Es gibt ihn in zwei Größen, zum einen mit einem Gewicht von 1,7 kg, einem Durchmesser von 21 cm und einer Höhe von 5 cm, zum anderen mit einem Gewicht von nur 600 g, einem Durchmesser von 13 cm und einer Höhe von 3,5 cm. Die kleinere Variante wird auch Petit Saint-Nectaire genannt. Als Bauernkäse trägt er ein elliptisches grünes Käsesiegel, während beim Molkereikäse das Siegel rechteckig ist.

HERSTELLUNG: Die auf um die 32° C erwärmte Milch gerinnt durch die Zugabe von Lab. Der Bruch wird zerkleinert und in Formen gepresst. Nach dem Salzen wird der Käse in ein Tuch eingeschlagen und ein weiteres mal in den Formen gepresst. In seiner 21-tägigen Reifezeit wird er mit Salzwasser

regelmäßig gewaschen, dies fördert das Wachstum der weißen, gelben oder roten Oberflächenflora. Der auf den Bauernhöfen hergestellte Saint-Nectaire wird aus der Morgen- und Abendmilch direkt nach dem Melken hergestellt. Er reift etwa 6 Wochen auf Roggenstroh in natürlichen Kellern, die in den Vulkantuffstein gegraben sind.

HISTORISCHES: Der französische Feldmarschall Henri de La Ferté-Senneterre brachte den Saint-Nectaire an den Hof Ludwig XIV. Die Vorliebe des französischen Hochadels für diesen Käse machte ihn berühmt.

Überbackener Toast

ZUTATEN: 2 kleine Zwiebeln • 1 Knoblauchzehe • 1 EL Olivenöl • 50–75 g Tomatenmark • Kräuter der Provence • 2 Fleischtomaten • 1 Dose Sardinen • 6 Scheiben Toastbrot • Salz und Pfeffer • 1 kleines Glas Kapern • 6 dicke Scheiben Saint Nectaire (ca. 250 g)

ZUBEREITUNG: Zwiebeln und Knoblauch fein würfeln und in dem Öl andünsten. Tomatenmark und Kräuter dazugeben und kurz durchkochen. Tomaten in dünne Scheiben schneiden, Sardinen abtropfen lassen und zerzupfen. Toastbrot leicht rösten und mit der Tomatenmarkmischung bestreichen.

Mit den Tomatenscheiben belegen, salzen und pfeffern. Die Sardinen darüber verteilen, mit den Kapern bestreuen und mit dem Käse belegen. Im vorgeheizten Backofen bei 200° C auf der zweiten Schiene von oben überbacken, bis der Käse zerlaufen ist.

IN DER KÜCHE

AROMA:
Der Saint-Nectaire hat einen angenehm gehaltvollen, nussigen und leicht erdig-würzigen Geschmack. Er riecht ein bisschen nach Kartoffelkeller.

FETTGEHALT:
45 % Fett i. Tr.

VERWENDUNG:
Der Saint-Nectaire wird nach einem Menü gegessen und ist Bestandteil vieler regionaler Gerichte. Er eignet sich auch zum Verfeinern von Suppen oder zum Überbacken.

EINKAUF/LAGERUNG:
Saint-Nectaire finden Sie im Käsefachgeschäft. Er lässt sich ein paar Tage am Stück in Pergament eingewickelt und in einer Plastikdose verschlossen im Gemüsefach des Kühlschranks aufbewahren.

SCHON PROBIERT?

SAINT-NECTAIRE AUF BIRNEN MIT TRAUBENSAUCE: **Birnen schälen und in Scheiben schneiden, mit Käsescheiben belegen und im Ofen gratinieren. Trauben entkernen, pürieren und mit etwas warmem Honig, Öl und Essig zu einer Vinaigrette verrühren, mit Pfeffer und Salz abschmecken. Saucenspiegel auf Teller gießen, die Birnen mit dem Saint-Nectaire darauf setzen. Guten Appetit!**

Salers

Aussprache:
Salär

Milch:

Herkunft:
Frankreich

Getränke-empfehlung:
Rotwein, z. B. Beaujolais

TYP: Schnittkäse

HERKUNFT UND VERBREITUNG: Der Salers stammt aus der Auvergne. Er wird heute im Departement Cantal sowie in 41 Gemeinden der Departements Aveyron, Corrèze, Haute-Loire und Puy de Dôme hergestellt.

MERKMALE: Die rote Aluminiumplakette ist ein eindeutiges Erkennungszeichen für diesen zylindrischen Käse. Er hat eine dicke, von Natur aus trockene Rinde, die sich durch einen leichten Schimmelwuchs auszeichnet. Es gibt ihn in unterschiedlichen Größen: Sein Durchmesser liegt bei 38 bis 48 cm und sein Gewicht zwischen 35 und 55 kg.

HERSTELLUNG: Der Salers wird ausschließlich während der Weidezeit vom 1. Mai bis zum 31. Oktober hergestellt. Die Kuhmilch wird unmittelbar nach dem Melken mit Lab versetzt. Der Bruch wird zerkleinert und gepresst. Danach wird der Bruch ein zweites Mal zerkleinert, gesalzen und geformt und erneut 48 Stunden unter die Käsepresse gelegt. Er reift mindestens 3 Monate bis zu 1 Jahr und lagert während dieser Zeit in kalten und feuchten Kellern.

IN DER KÜCHE

AROMA:
Der Salers hat einen leicht säuerlichen, ländlichen und mildwürzigen Geschmack. Er riecht dezent fruchtig.

FETTGEHALT:
45 % Fett i. Tr.

VERWENDUNG:
Der Salers wird nach einem Menü gegessen. Er passt gut zu Äpfeln, Trauben und roten Früchten. Er wird aber auch zum Überbacken oder zum Verfeinern von Suppen und Saucen verwendet.

EINKAUF/LAGERUNG:
Den Salers finden Sie im Käsefachgeschäft. Er lässt sich am Stück in Pergament und einer durchlöcherten Alufolie eingewickelt im Gemüsefach des Kühlschranks aufbewahren.

WUSSTEN SIE ...

Der Salers ist ein enger Verwandter des Cantal und hat daher eine ähnlich Geschichte und die gleichen Ursprünge wie dieser. Seinen Namen hat er von der gleichnamigen Stadt Salers. Sie liegt auf 930 Höhenmetern im Herzen der Cantalberge.

Samsø

Aussprache:
Ssamssö

Milch:

Herkunft:
Dänemark

Getränke-empfehlung:
Rotwein, z. B. Spätburgunder

TYP: Schnittkäse

HERKUNFT UND VERBREITUNG: Der Samsø ist ein Produkt von Schweizer Käsern, die diesen Käse im 19. Jahrhundert aus dänischer Kuhmilch für das dänische Königreich entwickelt haben. Seinen Namen hat er von einer dänischen Insel, die im großen Belt zwischen Fünen und Seeland liegt.

MERKMALE: Der Samsø wird als flacher, runder Laib oder in Blockform produziert. Der Teig ist von strohgelber Farbe und hat wenige, haselnussgroße Löcher. Seine dünne Rinde ist ebenfalls von gelber Farbe und er ist oft mit einer Wachsschicht umhüllt.

HERSTELLUNG: Der Samsø wird aus pasteurisierter Kuhmilch hergestellt. Diese wird unter Zugabe von Lab geronnen, zerkleinert und ein weiteres Mal unter Rühren erwärmt. Danach wird der Käseteig geformt, gepresst und gesalzen. Der Samsø reift mindestens 3 Monate.

IN DER KÜCHE

AROMA:
Der Samsø schmeckt mild und nussartig. Auch nach längerer Reifung bleibt der Käse verhältnismäßig mild im Geschmack.

FETTGEHALT:
45 % Fett i. Tr.

VERWENDUNG:
Der Samsø wird sowohl zum Brot als auch in der warmen Küche verwendet. Er schmilzt gut und eignet sich daher hervorragend zum Überbacken von Aufläufen, Toast oder von Spiegeleiern.

EINKAUF/LAGERUNG:
Samsø finden Sie im Käsefachgeschäft. Er lässt sich am Stück, in Pergamentpapier und Folie verpackt, im Gemüsefach des Kühlschranks aufbewahren.

São Jorge

Aussprache:
Ssang Schorsch

Milch:

Herkunft:
Portugal

Getränke-empfehlung:
junger Weißwein, z. B. Vinho verde

Typ: Hartkäse

Herkunft und Verbreitung: Der Käse kommt von der Insel São Jorge, die zu den Azoren zählt.

Merkmale: Der São Jorge ist ein großer, runder Käse mit einem Durchmesser von 25 bis 35 cm und einer Höhe von 10 bis 15 cm. Er wiegt zwischen 8 und 12 kg. Die Konsistenz des Käseteigs ist fest und weist einige Löcher auf. Die Rinde ist hart und von dunkelgelber Farbe. Er kann, muss aber nicht mit einer Paraffinschicht umgeben sein.

Herstellung: Der São Jorge wird aus Rohmilch von Kühen gewonnen. Nachdem die Milch dickgelegt wurde, lässt man die Molke langsam abfließen. Der Käseteig wird in Formen gegeben und gepresst und reift anschließend mindestens 3 Monate.

Historisches: Vermutlich stammt die Rezeptur für diesen Käse von englischen Seefahrern, die durch einen Zufall auf der Insel hängen blieben und über die Herstellung des englischen Cheddar Bescheid wussten.

In der Küche

Aroma:
Der São Jorge hat einen leicht salzigen, durchdringenden Geschmack und ein würziges Aroma.

Fettgehalt:
45 % Fett i. Tr.

Verwendung:
Der São Jorge wird in Würfel geschnitten zum Wein gereicht oder kann als Reibekäse Ofengerichte, Suppen und Saucen verfeinern.

Einkauf/Lagerung:
Den São Jorge finden Sie im Käsefachgeschäft oder im portugiesischen Spezialitätenladen. Er lässt sich am Stück gut verpackt im Gemüsefach des Kühlschranks aufbewahren.

Sbrinz

Milch:

Land:
Schweiz

Getränke-empfehlung:
Rotwein, z. B. Spätburgunder

TYP: Hartkäse

HERKUNFT UND VERBREITUNG: Der Sbrinz wird von 42 ausgewählten Tal- und Alpkäsereien in der Innerschweiz hergestellt. Sbrinz wird ausschließlich mit Milch aus der Region verkäst und auch in den Kellern der Molkereien vor Ort gelagert.

MERKMALE: Der runde Käse wiegt zwischen 20 und 45 kg. Sein Durchmesser beträgt 50 bis 70 cm und seine Höhe liegt bei 14 cm. Er hat eine goldgelbe bis braune, feste und trockene Rinde. Der Käseteig ist fest, mürbe trocken und hellgelb bis elfenbeinfarbig.

HERSTELLUNG: Die Milch kommt von Kühen, die mit Heu und Gras, aber niemals mit Silo gefüttert worden sind. Für den Sbrinz wird die Kuhmilch unter ständigem Rühren erwärmt und mit Lab versetzt. Der Käsebruch wird mit der Käseharfe in gleichmäßige Stücke geschnitten und die Molke von der Käsemasse getrennt. Der Käseteig wird in die Formen gegeben und solange gepresst, bis keine Molke mehr ausläuft. Der fertige Käselaib wird für 18 Tage in ein Salzbad gelegt. Danach lagert er 2 Monate bei 18° C und verliert Fett und sehr viel Wasser. Anschließend wird er noch weitere 16 bis 22 Monate hochkant gelagert und entwickelt sich zu einem extra harten Käse.

HISTORISCHES: Der Sbrinz gehört zu den ältesten Käse der Schweiz. Schon zur Zeit der Römer wurde dieser Käse hergestellt und war unter dem Namen »caseus helveticus« bekannt. Da er lange haltbar war, erfreute er sich bei den Römern sehr großer Beliebtheit. Er wurde bis nach Rom transportiert und diente den Legionären als Proviant auf ihren Feldzügen.

Gnocchi mit Salbeitomaten

ZUTATEN: 1 kg Kartoffeln, mehlig kochend • 1 kg Strauchtomaten • 2 Schalotten • 2 EL Sonnenblumenöl • Salz und Pfeffer • 3 Eigelb • 200 g Mehl • 1 EL Butter • 12 Salbeiblätter • 70 g Sbrinz

ZUBEREITUNG: Kartoffeln ungeschält weich kochen. Tomaten enthäuten, vierteln, entkernen und würfeln, Schalotten abziehen und fein würfen.
Öl in einer Pfanne erhitzen, Schalotten darin glasig dünsten. Tomatenwürfel zugeben, mit Salz und Pfeffer abschmecken. 10 Minuten einköcheln lassen.

Kartoffeln noch heiß pellen, durch die Kartoffelpresse drücken, mit Eigelb, Salz und Mehl zu einer geschmeidigen Masse verkneten. Mit einem Teelöffel kleine Klößchen abstechen, mit einer Gabel leicht flach drücken, portionsweise in reichlich sprudelndem Salzwasser 4 Minuten ziehen lassen. Mit einem Schaumlöffel herausheben.
Butter schmelzen, Salbeiblätter darin kross braten, herausnehmen, Gnocchi in der Butter schwenken. Auf Teller verteilen, mit Tomatensauce, Salbeiblättern und geriebenem Sbrinz bestreut servieren.

IN DER KÜCHE

AROMA:
Er hat einen aromatisch-würzigen und pikanten Geschmack.

FETTGEHALT:
45 % Fett i. Tr.

VERWENDUNG:
Sbrinz eignet sich aufgrund seiner hervorragenden Reib-, Hobel- und Schmelzeigenschaften besonders gut zum Überbacken von Gerichten oder zum Verfeinern von Saucen und Suppen.

EINKAUF/LAGERUNG:
Sbrinz finden Sie nur im Käsefachgeschäft. Zuhause sollte er im Kühlschrank am Stück, mit Pergamentpapier und gelöcherter Alufolie umhüllt, gelagert werden.

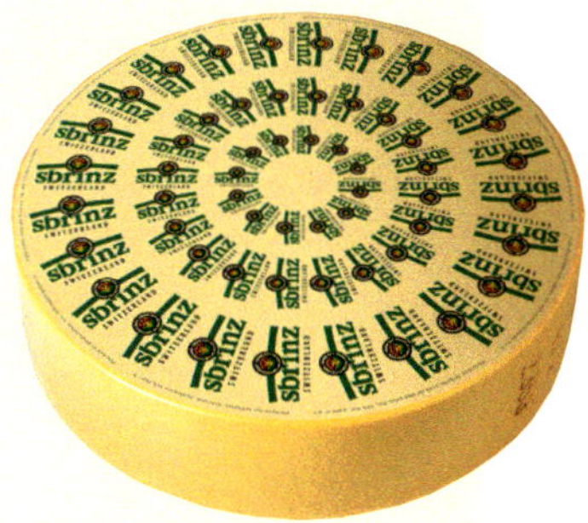

Schabziger

Milch:

Land:
Schweiz

*Getränke-
empfehlung:
Weißwein, z. B.
Fendant*

Typ: Hartkäse

Herkunft und Verbreitung: Der Schabziger ist ein alter Klosterkäse aus dem Kanton Glarus. Der Käse wird noch heute in den Glarner Alpen hergestellt.

Merkmale: Schabziger fällt durch seinen kleinen, konischen Zylinder auf, ist von grünlicher Farbe und wiegt nur 200 g. Dem Käse fehlt die Rinde und der Teig ist bemerkenswert fest.

Herstellung: Für den Schabziger wird Magermilch verwendet. Diese wird im Kessel erhitzt und mit Milchsäurebakterien versetzt. Das Milcheiweiß fällt aus, die festgewordene Milch wird von der Flüssigkeit getrennt. Der Käse reift nun 4 bis 12 Wochen und wird als Rohziger bezeichnet. Nach der Reifephase wird der Rohziger zerrieben und mit Salz vermischt. Zur Nachreifung wird der Käse etwa 3 Monate in Silos eingelagert und unter Gewichten gepresst. Er verliert dabei weitere Feuchtigkeit und wird so auf natürliche Weise haltbar gemacht. Erst danach erhält der Schabziger seine grüne Farbe. Dafür wird der Käse mit gemahlenem Schabzigerklee vermischt und dann in die konisch-zylindrische Form gepresst.

HISTORISCHES: Bereits im 8. Jahrhundert wird der Vorgänger des Schabzigers schriftlich erwähnt. Bis 1395 stand das Glarnerland im Besitz des Stiftes Säckingen. So waren die Glarner verpflichtet, Abgaben an das Kloster zu entrichten. Zu den Abgaben gehörte auch der weiße Magerkäse. Den Stiftsdamen war dieser Käse im Geschmack zu fade, daher würzten sie ihn mit dem stark riechenden Bockshornklee. Diese Pflanze hatten die Ritter aus dem Orient während der Zeit der Kreuzzüge mitgebracht.

Brandteig-Käse-Ring

Zutaten: 200 ml Wasser • 75 g Butter • 150 g Mehl • 3 Eier • 150 g Greyerzer oder Emmentaler • Salz und Pfeffer • 100 g Schabziger • 2 Bund Schnittlauch • 150 g Sahne • 150 g Frischkäse • 250 g Quark

Zubereitung: Für den Brandteig Wasser, Butter und Salz aufkochen. Das Mehl in die kochende Flüssigkeit geben. Mit einer Kelle sehr gut verrühren, bis sich am Topfboden ein Klumpen bildet. Topf vom Feuer ziehen und ein Eigelb nach dem anderen unter kräftigem Schlagen unterrühren. Zu einem glatten Teig verarbeiten. Nun den Käse beifügen und so lange rühren, bis er vollständig mit der Masse vermengt ist. Die Masse in einen Spritzsack mit großer runder Tülle füllen.

Die Masse kranzförmig auf ein gefettetes Backblech geben. Im auf 200° C vorgeheizten Ofen 30 Minuten backen. Auskühlen lassen.

Den Kranz sorgfältig aufschneiden. Für die Füllung Schabziger raffeln, Schnittlauch schneiden, Sahne steif schlagen. Frischkäse und Quark gut verrühren, alle Zutaten beifügen und sorgfältig vermengen. Würzen. In einen Spritzsack füllen und den Kranz damit füllen.

In der Küche

Aroma:
Schabziger hat einen vollwürzigen und arteigenen Geschmack, der auf den Schabzigerklee zurückzuführen ist.

Fettgehalt:
1 % Fett absolut

Verwendung:
Schabziger ist ein Reibekäse. Er wird gerieben und unter Suppen, Saucen, Nudel- und Kartoffelgerichte gemischt oder damit bestreut.

Einkauf/Lagerung:
Schabziger finden Sie nur im Käsefachgeschäft. Zuhause sollte er im Kühlschrank am Stück, mit Pergamentpapier und gelöcherter Alufolie umhüllt, gelagert werden.

Selles-sur-Cher

Aussprache:
Ssäll sür Schär

Milch:

Herkunft:
Frankreich

Getränke-empfehlung:
leichter, fruchtiger Rotwein, z. B. Chinon

TYP: Weichkäse

HERKUNFT UND VERBREITUNG: Das Zentrum der Herstellung von Selles-sur-Cher ist das gleichnamige Örtchen an der Loire. Als AOC-Käse darf er nur in den Departements Loire-et-Cher, Indre und Cher hergestellt werden.

MERKMALE: Selles-sur-Cher ist ein runder Weichkäse mit einem Durchmesser von 9 cm, er ist 2,5 bis 3 cm hoch und wiegt 150 g. Er hat einen Ascheüberzug, und gereift sieht man an der Oberfläche einen bläulich-weißen Schimmel. Der Teig ist weiß und sehr fest in der Konsistenz. Er wird unverpackt verkauft.

HERSTELLUNG: Der Selles-sur-Cher wird aus Ziegenmilch, die mit geringen Mengen an Lab versetzt wird, hergestellt. Der Bruch wird in Formen gefüllt und die Molke fließt ab. Nachdem die Käselaibe aus den Formen herausgelöst worden sind, werden sie mit einer Mischung aus Salz und Pflanzenasche eingerieben. Zwischen 10 Tagen und 3 Wochen liegt die Reifezeit des Käses.

IN DER KÜCHE

AROMA:
Der Selles-sur-Cher hat einen milden, nussigen Geschmack, der mit zunehmendem Alter intensiver wird. Er hat einen dezenten Ziegengeruch.

FETTGEHALT:
45 % Fett i. Tr.

VERWENDUNG:
Der Selles-sur-Cher ist ein typischer Dessert-Käse, der zum Abschluss eines Menüs gereicht wird. Kenner schaben auf keinen Fall die Haut ab, denn diese ist stark aromagebend.

EINKAUF/LAGERUNG:
Selles-sur-Cher und seine nahen Verwandten finden Sie im Käsefachgeschäft. Die beste Zeit für Ziegekäse beginnt im Frühsommer und endet im Herbst. Er lässt sich gut verpackt einige Tage im Gemüsefach des Kühlschranks aufbewahren.

VERWANDTE SORTEN
Coeur de Selles (Aussprache: Kör dö Ssäl) **ist der gleiche Käse, nur dass dieser in eine Herzform gepresst wurde. Beim** ***Pavé blésois (Aussprache: Paweh blehsoa)*** **handelt es sich um eine weitere viereckige Variante aus der Gegend um Blois an der Loire. Der** ***Pavé Touraine*** **verrät ebenfalls seine Herkunft über seinen Namen und ist meist rechteckig. Pavé heißt übrigens »Pflasterstein«.**

Serra da Estrela

Milch:

Herkunft:
Portugal

Getränke-empfehlung:
Rotwein, z. B. Redondo

TYP: halbfester Schnittkäse

HERKUNFT UND VERBREITUNG: Der Käse kommt aus der gleichnamigen Region Serra da Estrela im Zentrum Portugals. Es handelt sich um eine karge Bergregion, in der seit Urzeiten Bauern und Ziegenhirten Käse herstellen. Der Käse wird heute in den Regionen Nelas, Mangualde, Celorico da Beira, Tondela, Gouveia, Penalva, Fornos de Algordes und Carregal do Sal hergestellt.

MERKMALE: Der Serra da Estrela ist ein kleiner, runder Bergkäse mit einem Durchmesser von 15 bis 20 cm und einer Höhe von 4 bis 6 cm. Sein Gewicht liegt zwischen 1 und 1,7 kg. Der Käseteig ist hellgelb, ohne Löcher und cremig bis weich. Die Rinde ist fest bis hart und weist oft Risse auf.

HERSTELLUNG: Der Serra da Estrela wird aus der Rohmilch von Schafen gewonnen. Die Milch wird mithilfe des Saftes der Distel *Cynara cardunculus* dickgelegt. Die Molke lässt man langsam abfließen. Nach dem Salzen reift der Käse mindestens 30 Tage, dieser Prozess unterteilt sich in zwei Phasen. Zuerst lagert der Serra da Estrela in feuchten Räumen, und anschließend wird er in kalten, trockenen Kellern oder Höhlen gereift.

In der Küche

Aroma:
Der Serra da Estrela hat einen pikanten, angenehm würzigen Geschmack.

Fettgehalt:
45 % Fett i. Tr.

Verwendung:
Der Serra da Estrela passt hervorragend zum Aperitif. Er harmoniert sehr gut mit anderen Käsesorten auf einer Käseplatte.

Wussten Sie ...

Traditionell wird dieser Käse in den Wintermonaten von November bis März hergestellt. Er kann aber durchaus länger als 30 Tage reifen, dann wird jedoch der Teig härter und der Käse im Geschmack kräftiger.

Einkauf/Lagerung:
Den Serra da Estrela finden Sie im Käsefachgeschäft oder im portugiesischen Spezialitätenladen. Er lässt sich am Stück in einer gut verschließbaren Dose verpackt im Gemüsefach des Kühlschranks aufbewahren.

Stilton

Aussprache:
Stilten

Milch:

Land:
Großbritannien

Getränkeempfehlung:
Dessertwein, z. B. Portwein

TYP: Schnittkäse mit Blauschimmel

HERKUNFT UND VERBREITUNG: Der edelste Käse Englands kommt aus den Grafschaften Derbyshire, Leicestershire und Nottinghamshire in Mittelengland.

MERKMALE: Der Stilton hat die Form eines hohen Zylinders und wiegt etwa 8 kg. Er hat eine dicke, runzelige, feste Rinde von braun-grauer Farbe und ist mit weißen Schimmelflecken übersät. Der Teig ist beim jungen Stilton noch elfenbeinfarbig und nur leicht marmoriert sowie von bröckeliger Konsistenz. Mit zunehmendem Alter wird er cremiger, dunkler und ist stärker mit den Adern von Blauschimmel durchzogen.

HERSTELLUNG: Der Stilton wird aus pasteurisierter Kuhmilch hergestellt und dickgelegt. Anschließend wird der Bruch mit der Käseharfe zerkleinert und die Schimmelpilzkultur hinzugefügt. Nachdem der Bruch etwa 24 Stunden in großen Abtropfbecken gelegen hat, wird er erneut zerkleinert und gesalzen. Der in Formen gefüllte Käsebruch wird etwa 1 Woche lang regelmäßig gewendet. Danach wird er aus der Form gelöst und reift etwa 12 Wochen. In dieser Zeit wird er zwei- bis dreimal mehrfach angestochen, damit Luft ans Innere des Käses gelangt und die Schimmelkultur wachsen kann.

HISTORISCHES: Seine Karriere begann für den Stilton im Bell Inn, einer Schenke, in der die Reisenden Rast machten, wenn sie mit der Postkutsche von London nach York wollten. Die Gäste stärkten sich dort mit einem Brot, auf dem ein cremiger, mit blauem Schimmel durchzogener Käse geschmiert war. Vielen schmeckte der Käse so gut, dass sie ein Stück für die Weiterreise mitnahmen. Der Käse, der niemals in Stilton produziert, sondern nur verkostet wurde, erhielt von diesem Örtchen seinen Namen und geht heute selbst in der ganzen Welt auf Reisen.

Rinderfilet mit Stilton-Mousse

Zutaten: 4 Rinderfiletscheiben (à 150 g) • 4 Scheiben Weißbrot • 100 g Stilton • 2 EL Butter • 2 EL Sahne • 1 EL Petersilie • 20 Schalotten • 1 EL Butter • 100 ml Rotwein • 3–4 EL Rinderfond • Salz und Pfeffer

Zubereitung: Das Weißbrot toasten und Scheiben in Größe der Filets ausstechen. 2 EL Butter in der Pfanne schmelzen, die gehackten Schalotten darin weich dünsten, herausnehmen und warm stellen.

In der Pfanne den Rotwein etwas einkochen, den Fond dazugeben, nochmals aufkochen und abschmecken.

Aus dem Stilton, 1 EL Butter, der Sahne und gehackter Petersilie sowie Pfeffer und Salz eine geschmeidige Mousse rühren.

Das Fleisch in der Pfanne von beiden Seiten braten, auf den Toastscheiben platzieren und jeweils etwas Mousse auf dem Fleisch verteilen. Schalotten drumherum anrichten und mit etwas Sauce umgießen.

In der Küche

Aroma:

Der Stilton hat einen würzigen Geschmack, der mit der Reife an Schärfe gewinnt.

Fettgehalt:

52 % Fett i. Tr.

Verwendung:

Der Stilton wird traditionell in England als Dessertkäse gegessen. Aber auch als Brotbelag, als Beigabe in Blattsalaten oder als Füllmasse für gebackene Kartoffeln ist er sehr beliebt.

Schon probiert?

Zum Abschluss einer Mahlzeit wird Stilton in England mit einem Glas Portwein gereicht. Stilton sollte einige Stunden vor dem Verzehr aus dem Kühlschrank genommen werden. Wickeln Sie ihn aus der Folie, damit sich sein Aroma voll entfalten kann.

Einkauf/Lagerung:

Stilton erhalten Sie im Käsefachgeschäft. Mit Pergamentpapier umhüllt in einer Plastikdose gut verschlossen, lässt er sich im Gemüsefach eines Kühlschranks lagern.

Svecia

Aussprache:
Swezia

Milch:

Herkunft:
Schweden

Getränke-empfehlung:
Bier, z. B. Pils

TYP: Schnittkäse

HERKUNFT UND VERBREITUNG: Der Svecia ist die schwedische Kopie des holländischen Goudas und Edamers. Durch den Bund der Hanse waren die holländischen Käse in Schweden verbreitet, und die Schweden bemühten sich, einen ähnlichen Käse herzustellen. Das Ergebnis ist der Svecia.

MERKMALE: Der Svecia hat die Form eines Wagenrades mit einem Durchmesser von 30 cm und einer Höhe von 13 cm. Sein Gewicht liegt bei etwa 20 kg. Die Konsistenz des Teiges ist schnittfest und er ist mit wenigen, kleinen Löchern durchzogen. Der Käse hat eine gewachste Rinde.

HERSTELLUNG: Der Svecia wird aus pasteurisierter Kuhmilch hergestellt. Diese wird unter Zugabe von Lab geronnen, zerkleinert, in Formen gefüllt und gepresst. Nach dem Salzen reift der Käse mindestens 3 Monate und kann dann als milde Variante auf den Markt gebracht werden. Die stark ausgereifte Variante reift bis zu 1 Jahr und ist im Aroma würziger. Svecia findet man auch mit Zusätzen von Gewürznelke und Kümmel. Zu erkennen sind die gewürzten Käse an der roten Wachsschicht.

IN DER KÜCHE

AROMA:
Junger Svecia ist mild im Geschmack, gereift schmeckt er kräftiger und pikanter.

FETTGEHALT:
28 % Fett i. Tr.

VERWENDUNG:
In Schweden wird Svecia hauptsächlich zum Brot gegessen. Bei Varianten mit höherem Fettgehalt ist es möglich, ihn auch zum Überbacken zu verwenden.

EINKAUF/LAGERUNG:
Den Svecia finden Sie im Käsefachgeschäft. Er lässt sich am Stück, in Pergamentpapier und Alufolie verpackt, im Gemüsefach des Kühlschranks aufbewahren.

SCHON PROBIERT?

In Schweden genießt man den Käse gerne auf Brot oder Toast zusammen mit gekochtem Schinken und obenauf Gurken- und Tomatenscheiben.

Taleggio

Aussprache:
Taledscho

Milch:

Herkunft:
Italien

Getränke-empfehlung:
Rotwein, z. B. Barbaresco

TYP: Halbfester Schnittkäse

HERKUNFT UND VERBREITUNG: Der Taleggio wird in den Provinzen Bergamo, Brescia, Como, Cremona, Mailand, Pavia, Treviso und Novara hergestellt.

MERKMALE: Der Taleggio ist ein flacher, viereckiger Käse mit geradem Rand und einer Kantenlänge von etwa 20 cm. Sein Gewicht liegt zwischen 1,7 und 2,2 kg. Seine Rinde ist dünn und rötlich. Der Teig ist weich und seine Farbe ist weiß bis strohgelb.

HERSTELLUNG: Taleggio wird aus der Rohmilch von Kühen produziert. Seine Salzung erfolgt trocken. Die Reifezeit dauert etwa 40 Tage bei einer Temperatur von 3° bis 8° C und einer hohen Luftfeuchtigkeit.

HISTORISCHES: Taleggio ist einer der ältesten Käsesorten der Lombardei. Vermutlich ist er schon seit dem 9. Jahrhundert bekannt. Ursprünglich wurde der Käse in dem gleichnamigen Tal, wo die Kühe auf bis zu 2000 m hohen Almen weiden, produziert.

VERWANDTE KÄSE: *Quercino (Aussprache: Kwertschino)* hat blass-grüne Edelschimmelpunkte, ist mit 55 % aber fetter.

In der Küche

Aroma:

Der Taleggio schmeckt würzig und intensiv, nussig und frisch. Sein Geruch erinnert dezent an Kuh.

Fettgehalt:

48 % Fett i. Tr.

Verwendung:

Der Käse mit Früchten und Walnussbrot gereicht ist der ideale Abschluss eines italienischen Menüs. Als Snack mit Tomaten oder einem Radicchio-Salat ist er in der Lombardei ebenfalls beliebt. Aufgrund seiner hervorragenden Schmelzeigenschaften wird er auch gerne unter Risotto oder Polenta gerührt.

Einkauf/Lagerung:

Taleggio finden Sie im Käsefachgeschäft oder im italienischen Spezialitätenladen. Er lässt sich gut verpackt mehrere Tagae im Gemüsefach des Kühlschranks aufbewahren.

Tête de Moine

Aussprache:
Tet de moan

Milch:

Land:
Schweiz

Getränke-empfehlung:
Rot- oder Weiß-wein, z. B. Spätburgunder oder Fendant

Typ: Hartkäse

Herkunft und Verbreitung: Dieser Käse hat seinen Ursprung im Kloster Bellelay. Heute wird der geografisch geschützte Käse in Prunt, Moutier und Courtelary Saulcy sowie in der Parzelle der Käserei Courgenay im Jura hergestellt.

Merkmale: Tête de Moine fällt durch seinen kleinen Durchmesser bei relativ großer Höhe auf. Der zylinderförmige und sehr leicht gewölbte Laib hat einen Durchmesser von 10 bis 15 cm. Die Höhe beträgt 70 bis 100 % vom Durchmesser, und das Gewicht liegt bei 0,7 bis 2 kg. Seine Rinde ist fest, geschmiert, körnig, feucht und von rotbrauner Farbe.

Herstellung: Die Milch kommt von Kühen, die mit Heu und Gras, aber niemals mit Silo gefüttert worden sind. Die Milch muss spätestens 24 Stunden nach dem Melken verarbeitet sein. Die Rohmilch wird in Kupferkesseln auf unter 38°C erwärmt und mit Lab versetzt. Der Käsebruch wird mit einer Harfe zerkleinert, ein zweites Mal erwärmt und dann gepresst. Die Laibe liegen mindestens 12 Stunden in einem Salzbad. Während der Reifung wird der Käse regelmäßig mit Salzwasser behandelt, um die Bildung von Schmiere auf der Rinde zu fördern. Mindestens 3 Monate reift der Käse auf Fichtenbrettern.

In der Küche

Aroma:
Tête de Moine hat einen ausgeprägten würzigen und feinen Geschmack.

Fettgehalt:
51 % Fett i. Tr.

Verwendung:
Tête de Moine wird nicht geschnitten, sondern geschabt. Am einfachsten lässt er sich mit der Girolle schaben. Hierbei handelt es sich um ein speziell für diesen Käse entwickeltes Gerät. Die obere Rinde des Käses wird entfernt und die Girolle wird mittig auf den kühlschrankkalten Käse gesetzt. Durch das Drehen im Urzeigersinn lassen sich Rosetten vom Käse schaben. Sie erinnern im Aussehen entfernt an die Tonsur bei Mönchen, was vermutlich zu der Namensgebung »Mönchskopf« führte.

Einkauf/Lagerung:
Tête de Moine erhalten Sie im Käsefachgeschäft. Zuhause sollte er im Kühlschrank gelagert werden. Am besten lässt er sich am Stück, mit Pergamentpapier und gelöcherter Alufolie umhüllt, aufbewahren.

Wussten Sie ...

Tête de Moine wurde erstmals 1192 als Käse des Klosters von Bellelay erwähnt. Alte Dokumente belegen, dass dieser Käse als Zahlungsmittel diente. Im Zuge der Französischen Revolution wurden die Mönche 1797 aus dem Kloster vertrieben. Der Käse wurde aber weiterhin in den Hofkäsereien des ehemaligen Klosters hergestellt.

Tetilla

Aussprache:
Tetija

Milch:

Herkunft:
Spanien

Getränke-empfehlung:
Rotwein, z. B. Rioja

TYP: halbfester Schnittkäse

HERKUNFT UND VERBREITUNG: Die Heimat des Tetilla ist Galicien. Die ländliche Struktur Galiciens mit kleinen Dörfern und verstreut liegenden Höfen, die leicht hügelige Landschaft sowie das kühle feuchte Meeresklima machen den Nordwesten Spaniens zu einem idealen Weideland.

MERKMALE: Der Tetilla zeichnet sich schon äußerlich durch seine markante, konische Form aus, die einer abgeflachten Zitze gleicht. Der Teig ist weich und cremig und mit einigen wenigen Löchern durchzogen. Die Rinde ist nur schwach ausgeprägt.

HERSTELLUNG: Der Tetilla wird aus pasteurisierter Kuhmilch hergestellt. Die Milch stammt dabei von den Rinderrassen Rubia Gallega und Frisona. Sie gerinnt unter Verwendung von industriell hergestelltem oder natürlichem Labferment bei etwa 30° C. Der Käsebruch wird gepresst und gesalzen. Die Reifezeit des Tetillas liegt zwischen 1 Woche und mehreren Monaten.

IN DER KÜCHE

AROMA:

Der Tetilla ist leicht-säuerlich und milchig-butterig im Geschmack. Durch sein mildes Aroma ist er auch besonders beliebt bei Kindern.

FETTGEHALT:

45 % Fett i. Tr.

VERWENDUNG:

Der Tetilla eignet sich aufgrund seiner ausgezeichneten Schmelzbarkeit besonders gut zum Überbacken oder lässt sich auch paniert ausbacken. Traditionell wird der Tetilla besonders gerne mit Quittenmus, Konfitüre, Brot und Wein gegessen.

EINKAUF/LAGERUNG:

Tetilla finden Sie im Käsefachgeschäft oder im spanischen Spezialitätenladen. Dieser Käse lässt sich gut verpackt im Gemüsefach des Kühlschranks aufbewahren.

Tilsiter

Milch:

Herkunft:
Deutschland

Getränke-
empfehlung:
Rotwein, z. B.
Spätburgunder

TYP: Halbfester Schnittkäse

HERKUNFT UND VERBREITUNG: Die Heimat des Tilsiters liegt an der Memel in der gleichnamigen Stadt Tilsit. Dort ist er seit Mitte des 19. Jahrhunderts bekannt. Der Tilsiter ist der traditionelle Käse Norddeutschlands, genauer gesagt, der Käse des gesamten Raumes entlang der Ostseeküste.

MERKMALE: Der Tilsiter wird heute überwiegend als Block angeboten. Sein Teig ist geschmeidig, elfenbeinfarbig bis gelb und er weist viele kleine Löcher auf. In der Regel fehlt dem Tilsiter heute die Rinde, ursprünglich hatte er eine Rotschmiererinde, die dem ganzen Käselaib ein besonders kräftiges Aroma verlieh.

HERSTELLUNG: Tilsiter wird aus dickgelegter pasteurisierter Kuhmilch hergestellt. Auf einigen Bauernhöfen wird er wieder aus Rohmilch produziert. Der zerschnittene Käsebruch wird in Formen gefüllt und nicht gepresst, sondern nur geschüttet. Durch das Eigengewicht des Teiges entsteht der Käse mit der starken Bruchlochung. Im Original wird die Oberfläche mit Rotschmiere eingerieben. Der Käse reift mindestens 5 Wochen und wird, falls es sich um einen Tilsiter mit Rotschimmelkultur handeln soll, während der Reifung mehrmals mit ihr und Salzlake abgewaschen.

HISTORISCHES: Erstmalig beschrieben wurde der Tilsiter 1840 von einer Frau Westphal, die auf einem Gut bei Tilsit im damaligen Ostpreußen lebte. Das Rezept ist aber wahrscheinlich noch viel älter. Vermutlich haben Holländer, die nach Tilsit ausgewandert waren, Gouda herstellen wollen, und dabei ist dann als Zufallsprodukt der Tilsiter entstanden.

VERWANDTE KÄSE: Der *Wilstermarschkäse* ist nach einem fruchtbaren Landstrich an der Elbe bei Hamburg benannt, wo er zunächst produziert wurde. Dieser Käse wird üblicherweise nach vierwöchigen Reifephase ohne die Verwendung von Rotschmiere gereift. Er kommt in Folie verpackt auf den Markt und ist deutlich milder als die anderen vorgestellten Käsevarianten.

Steinbuscher Der Käse hat seinen Namen von der Domäne Steinbusch in Pommern. Es handelt sich um einen kleinen Käselaib, der in 3 Wochen reift. Da er mit Rotschimmelkulturen eingerieben wird, ist er im Geschmack besonders würzig.

Tollenser Dieser Käse genießt sogar Ursprungsschutz und darf nur in den Landkreisen Malchin, Altentreptow, Teterow, Demmin, Neubrandenburg und Stadt Neubrandenburg produziert werden. Er wird ähnlich wie der Tilsiter hergestellt, dabei ist es aber unabdingbar, dass Rotschimmelkulturen eingesetzt werden. Der Käse ist sehr geschmacksintensiv. Er wird gerne zum zweiten Frühstück auf einem dunklen Brot zusammen mit einem Glas Bier und Schnaps verzehrt.

In der Küche

Aroma:

Der Tilsiter ist ohne die Behandlung von Rotschmiere mild. Bei traditioneller Herstellung schmeckt der Käse intensiv und würzig. Er riecht stark.

Fettgehalt:

30 bis 60 % Fett i. Tr.

Verwendung:

Tilsiter wird in Scheiben geschnitten auf Brot gegessen. Mit ein paar sauer eingelegten Gurken oder roten Beeten harmoniert der Käse gut. Tilsiter mit höheren Fettgehaltsstufen eignet sich auch zum Überbacken.

Einkauf/Lagerung:

Tilsiter erhalten Sie eingeschweißt im Kühlregal oder lose an der Käsetheke in jedem Supermarkt. Um einen kräftigen mit Rotschmiere gereiften Tilsiter zu probieren, müssen Sie meistens ein Käsefachgeschäft aufsuchen. In einer aromadichten Dose verschlossen lässt sich der Käse mehrere Tage im Kühlschrank lagern.

Valençay

Aussprache:
Wallongsäh

Milch:

Herkunft:
Frankreich

Getränke-empfehlung:
Weißwein, z. B. Chablis

TYP: Weichkäse

HERKUNFT UND VERBREITUNG: Die Heimat des Valençay liegt im Süden des Loire-Tals, den Departements Loire-et-Cher, Indre-et-Loire und Cher.

MERKMALE: Der Valençay ist ein kleiner pyramidenförmiger Weichkäse, dessen Spitze fehlt. Dieser Ziegenweichkäse hat eine fein strukturierte Konsistenz und eine natürlich gebildete Rinde. Der Oberfläche ist natur oder geascht. Er wiegt zwischen 200 und 250 g.

HERSTELLUNG: Der Valençay wird aus Ziegenmilch, die mit geringen Mengen an Lab versetzt wird, hergestellt. Der Bruch wird in Formen gefüllt und die Molke fließt ab. Nach dem die Käselaibe aus den Formen herausgelöst worden sind, werden sie mit einer Mischung aus Edelpilz und Pflanzenasche bestäubt. Anschließend reift der Valençay bei etwa 80 % Luftfeuchtigkeit 2 Wochen lang.

IN DER KÜCHE

AROMA:
Der Valençay hat einen zurückhaltenden und feinen, leicht nussigen Geschmack.

FETTGEHALT:
45 % Fett i. Tr.

VERWENDUNG:
Der Valençay ist ein typischer Dessert-Käse, der zum Abschluss eines Menüs gereicht wird. Auch zusammen mit anderen Käsesorten macht er sich aufgrund seines zurückhaltenden Aromas und seiner Form gut auf einer Käseplatte.

EINKAUF/LAGERUNG:
Valençay finden Sie im Käsefachgeschäft. Dieser Käse ist ganzjährig erhältlich. Er lässt sich gut verpackt einige Tage im Gemüsefach des Kühlschranks aufbewahren.

WUSSTEN SIE ...

Die Legende um den Valençay besagt, dass der Käse früher einmal die Form einer Pyramide hatte und seine heutige Form Napoleon verdankt. Nach der verheerenden Niederlage in Ägypten machte Napoleon auf Schloss Valençay halt. Die Form des Käses erinnerte ihn an die ägyptischen Pyramiden. Aus Wut über den verlorenen Feldzug schlug Napoleon mit seinem Schwert dem Valençay die Spitze ab. Seither wird er stets ohne Spitze produziert.

Weißlacker

Milch:

Herkunft:
Deutschland

Getränke-empfehlung:
Bier, z. B. Weißbier

TYP: halbfester Schnittkäse

HERKUNFT UND VERBREITUNG: Der Käse hat seinen Ursprung im Oberallgäu und wird auch gerne als Bierkäse bezeichnet. Den Namen Weißlacker hat er seinem Aussehen, einer weißen, lackartigen Schmiere auf der Oberfläche, zu verdanken.

MERKMALE: Der Weißlacker hat keine Rinde. Seine Schnittfläche ist hell und mit wenigen Bruchlöchern durchzogen. Die Masse ist gleichmäßig durchgereift. Die Laibe sind 1 bis 2 kg schwer. Der Käse wird aber auch in 60 g Blöcke für die Selbstbedienungstheke abgepackt.

HERSTELLUNG: Weißlacker wird aus pasteurisierter Kuhmilch hergestellt. Nach Labung, Zerkleinern, Ausschöpfen und einem zweitägigen Bad in einer Salzlake kommt der würfelförmige Käse für 3 Monate in einen gekühlten Reifungsraum. Regelmäßig mit Salz bestreut und geschmiert, reift er danach in Aluminiumfolie vorverpackt nochmals 3 bis 4 Monate nach.

IN DER KÜCHE

AROMA:

Der Weißlacker hat einen stark pikanten bis scharfen sowie salzigen Geschmack.

FETTGEHALT:

45 % Fett i. Tr.

VERWENDUNG:

Der Weißlacker wird gerne in mundgerechte Würfel geschnitten zum Bier mit einer Brezel gegessen. Er kann aber auch als Füllung von Blätterteigtaschen mitgebacken oder gewürfelt in einer Bauernpfanne mitgebraten werden.

EINKAUF/LAGERUNG:

Weißlacker finden Sie vorwiegend in Bayern und außerhalb des Bundeslandes mit etwas Glück im Käsefachgeschäft. Dieser Käse lässt sich gut ein paar Tage im Kühlschrank lagern.

WUSSTEN SIE ...

Der Weißlacker wurde von den Brüdern Josef und Anton Kramer aus Wertach im Allgäu kreiert. Sie entwickelten diesen halbfesten Schnittkäse 1876 aus dem »Backsteinkäse«, dem Allgäuer Limburger. Durch Anhebung von Trockenmasse, Fett- und Salzgehalt ist seine Haltbarkeit verlängert worden.

Register

Alphabetisches Register der Käsesorten

Alphabetisches Register der Käse-Rezepte

Rezeptregister nach Rubriken

Kleine Mahlzeiten/Salate

Hauptgerichte

Desserts

Informationen & Ideen rund um Käse

Käserei-Museum
Rempartstraße 7
79346 Endingen
Tel.: 07642/68 99 90
Fax: 07642/68 99 99
E-Mail: info@endingen.de
Öffnungszeiten: So 14–17 Uhr und n. Vereinb.

Holländisches Käsemuseum/Het Hollands Kaasmuseum
Waagplein 2
(Waaggebouw)
1811 JP Alkmaar
Tel.: ++31/(0)72/511 42 84
Fax: ++31/(0)72/511 75 13
E-Mail: info@kaasmuseum.nl

Käsemarkt in Alkmaar
Jeden Freitagmorgen (April bis September) in traditionellen Trachten auf dem Marktplatz

Käse-Fahrradtouren
Sechs Fahrradtouren durch unterschiedliche Regionen Deutschlands mit deren speziellen Käsesorten.
Die »Käsekarte« kann mit einem DIN A 5 großen und mit 1,44 Euro frankierten Rückumschlag bestellt werden beim:
Informationsbüro Deutscher Käse
Nymphenburger Straße 86
80636 München
Tel.: 089/124 451 25
Fax: 089/124 451 14
E-Mail: deutscher.kaese@ketchum.de

Schaukäsereien:

Käserei Obere Mühle
Hindelang – Bad Oberdorf
Tel.: 08324/28 57
Fax: 08324/86 35
E-Mail: info@obere-muehle.de
Internet: www.obere-muehle.de
Öffnungszeiten: von 10–13 Uhr und von 14–18 Uhr

Appenzeller Schaukäserei
CH – 9063 Stein
Tel.: ++41/71 368 50 70
Fax: ++41/71 368 50 75
E-Mail: info@schaukaeserei-stein.ch
Internet: www.showcheese.ch

Käse-Online-Shops:

Schreier
Maître Fromager
Schwarzwaldstraße 26
78224 Singen
Tel.: 07731/672 66
Fax.: 07731/697 42
E-Mail: salut@kaesereich-frankreich.de
Internet: www.kaesereich-frankreich.de

Käse Schuster
Im Rosental 1
61231 Nauheim
Tel.: 06032/920710
Fax: 06032/920711
E-Mail: info@kaese-schuster.de
Internet: www.kaese-schuster.de

Alles Bio Käse
Zurwies 11
88239 Wangen
Tel.: 07522/55 81
Fax.: 07522/809 39
E-Mail: shop@allesbiokaese.de
Internet: www.allesbiokaese.de

Chäs Marili
Beat Hofstetter
Fronwagplatz 9
CH – 8200 Schaffhausen
Tel.: ++41/(0)52/625 16 37
Fax: ++41/(0)52/625 18 63
E-Mail: info@chaes-marili.ch
Internet: www.chaes-marili.ch

Fotonachweis

aid: S. 19, 20, 21, 22, 23, 25, 26, 27, 29, 36, 45, 47, 49, 81, 99, 103, 107, 111, 121, 125, 133, 161, 169, 193, 195, 211, 229, 231, 289, 290, 295
agrar-press: S. 13, 14, 16, 17, 18, 24,
APQE: S. 145
ArlaFoods bildbank und bsmart: S. 139, 281
Beck Käse vom Feinsten, München: S. 53, 57, 75, 113, 213, 239, 263, 283
Berglandmilch/unisono: S. 185
Consorzio Tutela Grana Padano: S. 129, 187, 196, 207
Cropwell Bishop Creamery: S. 277
denhay: S. 87
Galbani Deutschland GmbH: S. 183
Geska, Glarus: S. 269
Herve Société: S. 141
Het Nederlands Zuivelbureau: S. 159
Käse aus der Schweiz: S. 32 unten, 101, 190, 235, 256, 265, 267, 285
Mejeriforeningen/Danish Dairy Board: S. 137, 261
Osttiroler Molkereigenossenschaft: S. 131
Singleton's Dairy Ltd.: S. 91 oben
Sopexa: S. 39, 40, 43, 59, 63, 64, 67, 77, 78, 83, 85, 93, 95, 97, 105, 115, 153, 155, 163, 179, 189, 199, 203, 205, 217, 221, 223, 227, 237, 243, 247, 251, 255, 259, 273, 293
Spanisches Generalkonsulat: S. 73, 143, 147, 165, 171, 173, 175, 245, 287
Brigitte Sporrer/Alena Hrbkova: S. 50, 54, 60, 102, 110, 134, 156, 166, 180, 200, 208, 214, 224, 240, 248, 266, 270, 278
www.greece.org: S. 109

Wir danken WMF und Zwilling für die Fotografien auf den Seiten 30-32
Alle anderen Fotografien stammen aus dem Archiv des Verlages.

Singleton's

EMMENTALER